Susanne Rosenkranz

Rosenblüten
neue Märchen und Gedichte

novum pro

www.novumverlag.com

Bibliografische Information
der Deutschen Nationalbibliothek:

Die Deutsche Nationalbibliothek
verzeichnet diese Publikation in
der Deutschen Nationalbibliografie.
Detaillierte bibliografische Daten
sind im Internet über
http://www.d-nb.de abrufbar.

Alle Rechte der Verbreitung,
auch durch Film, Funk und Fernsehen,
fotomechanische Wiedergabe,
Tonträger, elektronische Datenträger
und auszugsweisen Nachdruck,
sind vorbehalten.

© 2022 novum Verlag
ISBN 978-3-99107-663-6
Lektorat: Leon Haußmann
Umschlagabbildung:
Susanne Rosenkranz
Umschlaggestaltung, Layout & Satz:
novum Verlag
Innenabbildungen:
siehe Bildquellennachweis S. 70
Autorenfoto: Susanne Rosenkranz

Die von der Autorin zur Verfügung
gestellten Abbildungen wurden in der
bestmöglichen Qualität gedruckt.

Gedruckt in der Europäischen Union
auf umweltfreundlichem, chlor- und
säurefrei gebleichtem Papier.

www.novumverlag.com

Hat sie ein Helfersyndrom?

Als frischgebackene Oma bekommt ihr Singlehaushalt ein neues Gesicht.

Ich schmunzle jedes Mal, wenn Ihr Enkel, der kleine Paul, sich freut, wenn sie laut die Nase schnaubt.

Und er gern mit dem verstaubtem Zuglufttier spielt. „Ein Löwe", sagt er, zum Gruseln seiner Eltern, die wohl eher die Hausstaubmilben zählen würden.

Nein, alt sein will sie nicht! Und sie freut sich, wenn Paulchen bei ihr zu Besuch leidenschaftlich gern mit einer Matroschka spielt. Spannend wird es, wenn er mit zarten Fingern aus der kleinen eine noch kleinere zaubert. Alle rufen auf Kommando: und nicht in den Mund stecken! Als ehemaliges DDR-Kind hat sie sowas aufgehoben. Die Familie ihres Vaters pflegte die Hausmusik. Nachzulesen in unendlichen Briefen, die ihr Opa mit Schreibmaschine getippt hatte. Die Oma fügte wohlweislich ein Gemisch aus Druckbuchstaben in „Sütterlin", einer Geheimschrift ähnlich, hinzu.

Ein musikalisches Kind war sie schon immer. Unglaublich, dass sich die Wege Susannes und ihres Vaters später wieder kreuzten. Er genoss die musikalische Ausbildung in den 40ern im „Musischen Gymnasium zu Leipzig". 2 Villen standen den Schülern damals zur Verfügung. Susanne ging in einer der Villen Anfang der 80er zur Arbeit. Sie hatte in einer Qualifizierung eine Ausbildung zur Bibliotheksassistentin abgeschlossen. „Musikbibliothek", stand an der Villa geschrieben. Stolz berichtet sie ihren Eltern, Herr Masur und Frau wollten bestimmte Noten und haben mit der Leiterin geplaudert. Und eine andere Kollegin saß am Schreibtisch vor dem großen Fenster der alten Villa als Musikwissenschafterin bei der Arbeit. Es ist Cornelia Krumbiegel, die Mutter von Sebastian Krumbiegel.

Dem Sänger der „Prinzen". Die Familie Krumbiegel hatte die Kollegen eines Abends in die schöne Wohnung in der Wiederitzscher Straße eingeladen. Susanne erinnert sich daran. Sebastian, der damals noch bei den Thomanern war, musste einige Rügen des Vaters über sich ergehen lassen. Die Tochter Ulrike konnte nicht dabei sein. Etwas schüchtern verabschiedet sich Susanne am späten Abend.

Sie wohnte damals noch mit ihren Eltern in Dölzig, dem kleinen Ort, 20 km entfernt von Leipzig.

Erschrocken stand Susanne in der Straßenbahn, die sie erstmal zur Buslinie bringen sollte.

Die unerfahrene Leipzigerin merkte zu spät, dass ihr die Gegend fremd vorkam. Sie war in die falsche Richtung gestiegen. Als sie am Leipziger Hauptbahnhof ankam, sah Susanne vom Bus nur noch die Rücklichter. Der letzte Bus in ihre Gegend fuhr erst in 2 Stunden. Taxi Geld hatte sie keines. Verschiedenes ist ausgeblendet, sie kam als einziger Fahrgast froh zu Hause an.

4 Kolleginnen sind fast zur gleichen Zeit schwanger; Susanne glücklich verliebt mitten unter ihnen. Die Leiterin der Musikbibliothek nennt die Phänomene mit den dicken Bäuchen: „Unsere Mubikinder!" Was für ein großartiges Gefühl war es, mit dem Kinderwagen vorzufahren und das kleine Wunder den „Mubianern" zu zeigen. So was vergisst man nicht, schwärmt Susanne.

Sie ist nun ganz in die Fußstapfen der Mutter getreten, die als Leiterin einer Bibliothek jeden Morgen mit dem Linienbus nach Leipzig zur Arbeit fuhr. Und die ehemalige Tanzpädagogin erzählt später Susanne aus ihrem Leben. Ja, Zeitgeschichte interessiert sie heute! Als die 90-Jährige erzählt, kommt sie mit dem Schreiben nicht mehr nach. Sie verschlingt die Worte fast. Stolz ist sie auf die beiden Töchter. Maria und Katharina. Schiffbruch in der Ehe! Susanne ist paar Jahre richtig krank! Bis sie einen anderen eigenen Weg fand. Die Töchter gründen Familien und haben Männer, die sie auf Händen tragen. Das stellt sich Susanne oft vor und freut sich, wenn man sich zu Geburtstagen und Feiertagen trifft. Den Wunsch der Eltern, eine musikalische Laufbahn einzuschlagen, konnte sie nicht erfüllen.

Interessen wurden gefördert, gute Anlagen erkannt. Als Kind mit 6 Jahren am Cello, wer kann das schon? Susanne mochte den musiktheoretischen Unterricht nicht leiden. Daran scheiterte eigentlich das ganze Celloprojekt. Was sie heute sehr bedauert. Ein Segen war für sie das Spiel auf der Blockflöte. Das Spiel fiel ihr leicht. Musiklehrer und die musikalische Familie sagten: „Susanne, du hast einen schönen Ton!" Auftritte in der Aula der Schule folgten.

So hält Susannes Vater, der Maler und Grafiker Johannes Burkhardt, Susanne und ihren Mann als junges Paar in einer Skizze fest.

Schnell hat sie mit 55 die Kurve gekriegt. Ich konnte die ehrenamtliche Tätigkeit mit einer Schreibgruppe verbinden. Erzählt sie manchmal.

Diesem und Jenem in der Schreibgruppe von Roswitha Scholz über die Schulter gucken. Ist dann im Wohngebiet „Die Grünauer Platte" hängengeblieben. Und in der amtierenden Schreibgruppe von Silke Heinig eingestiegen. Und auch dabeigeblieben.

Mach was aus deinem Leben. Diese Worte sieht sie vor sich, wenn sie ihre Wohnungstür aufschließt, um Sinnvolles aufzuspüren. Es war der Leitsatz des Vaters: „Carpe diem!" Nutze den Tag!

Der als Maler und später als Schreiber tätig war. Und wenn sie ihn heute im Seniorenheim besucht die alten Briefe vorzulesen. Aufgeschriebenes, was in Vergessenheit geraten ist, ein Lächeln in seinem Gesicht entstehen lässt. Und manchmal auch in meins, sagt Susanne und lacht.

Ich erinnere mich noch, wenn sie als Kind in der Schule nach ihrem Vorbild gefragt wurde, sagte sie immer: „Otto Grotewohl". Ja, der Sozialdemokrat imponierte ihr. Sie machte sich damit nicht so beliebt. Einige Jahre später verließ sie die beste Freundin ...! Als Susanne es erkannte, war nichts wieder gut zu machen. Was hatte sie falsch gemacht? Keiner konnte ihr bisher die Antwort geben. Ihr fiel nichts ein. Fragt man sie heute: „Susanne, was ist dein Lieblingsfilm?" „Gundermann!" Na, weils in der Platte spielt. Am Drehort des Neubaugebietes hat sie einige Jahre gewohnt.

Und die Aufnahmen mit dem Tagebau, wie die Bagger gearbeitet haben. Ach, dieses „Kalte schwarze Gold"! Auch in Dölzig wurde der Berliner Ofen im Wohnzimmer damit geheizt. Und Gundermann, so stelle ich mir meinen besten Freund vor. Sie kaufte sich gleich noch die Musik zum Film. Musste sie haben, obwohl sie eigentlich kein Geld dafür hat. Aber manchmal gelten bei ihr Sonderregeln. Mit Paulchen die Welt erkunden, das möchte sie ab und zu. Und ich weiß, wenn sie am See in die Wolken schaut, warum. Sind Ideen im Kopf entstanden für ein neues Märchen oder eine der für sie typischen Geschichten. Ganz sehr wünsche ich ihr, den Traummann zu finden. Um auf Wolke sieben zu schweben. Sowas können Omas wie Susanne gut!

Licht und Sonne prägen eine fantasievolle Kindheit in ländlicher Umgebung in Dölzig, bis zum Umzug ins Hochhaus nach Leipzig Grünau.
– Zeichnung Johannes Burkhardt –

Das Licht des Steins

Mit letzter Kraft erreicht Mosi das Indianermädchen das Felsenlabyrinth. Fast nichts kann sie sehen.
Ein Sonnenstrahl leuchtet schwach über den Felsspalten. Schnell verschwindet sie hinter einer der Spalten der Felsenkluft in dem unübersichtlichen Labyrinth. Klein und zierlich wünscht sich das Mädchen nur noch, sie möge die Färbung des Felsens annehmen, hinter dem sie sich versteckt. Sambo, der Krieger eines anderen Stammes, war ihr gefolgt. Ihr Herz pocht so laut, dass sie glaubt, er könne es hören. Sogar über die Netzbrücke hoch oben über den Felsen ist er ihr gefolgt. Im Tal hört man das Rauschen des Wasserfalls.
Am Morgen war Mosi noch einmal losgelaufen, um unten am Fluss diese wundervollen Steine zu sammeln. Deren Farben schillern Smaragden gleich. Sie hält die Steine ins Sonnenlicht und bewundert das Farbenspiel. Weich fühlen sie sich an in ihrer Hand.
Sie lächelt, als sie an die mahnenden Worte des Vaters und der Geschwister denkt. „Wer die Steine finden will, muss vorsichtig sein."
Gar nicht weit vom Fluss entfernt lebt der Stamm der „Wari".
Oft genug war es Mosi gelungen, Steine zu sammeln und unbemerkt zu ihrem Dorf zurückzukommen. Leicht wie eine Feder und flink wie eine Gazelle, machte sie sich fast unsichtbar. Und jedes Mal wurde sie mit dem kostbaren Schatz unruhig erwartet.
Diesmal hatte Sambo, ein Krieger „der Wari", ihre Spur gefunden. Und als Kinja, die Schlange, zischend das Weite sucht, wäre es fast zu spät gewesen. Deren zorniger Warnlaut hätte die Anwesenheit der Steine Sammlerin fast verraten. Der junge Krieger hält den Speer bereit, die Indianerin sofort zu töten.

Sie wagt kaum zu atmen, spürt den Verfolger in unmittelbarer Nähe. Wie eine Ewigkeit kommt es ihr vor, bis Sambo die Suche im Felsenlabyrinth nach ihr aufgibt. Sein Stamm ernährt sich zwar auch von erlegten Vögeln oder Pumas und dem Ozelot. Aber am liebsten von Menschenfleisch.

Der letzte Sonnenstrahl ist längst hinter den Felsen verschwunden. Und Awilix, die Göttin der Nacht und des Mondes, ist als Halbmond am Firmament zu sehen. Sie ist auch die Schutzherrin der Wasser des Regenbogens und der Schwangeren. Dort, wo die Fledermäuse nach draußen fliegen, kann Mosi nun auch die Sterne leuchten sehen. Sie wird die Nacht hier verbringen müssen. Die junge Frau nimmt den Stein aus ihrem Haarband. Er leuchtet, wohltuend mit grünem Licht. Und ihr Atem wird ruhiger. Mosi hat keine Angst mehr, sie stellt sich vor, dass sie ihn als Schmuck tragen wird und ihr Stamm vor Freude tanzt. Sie nimmt den Geruch von im Feuer gegartem Fleisch wahr. Sambo hat also ein Tier getötet. Er wird sie diese Nacht nicht mehr suchen.

Zeit für ein Nachtlager. Vorsichtig bewegt sich die Indianerin aus der Felsspalte.
    Unten im Berg, wo sich das Bergwasser bricht, haben die Brunnenwächter ihren Platz eingenommen. Es sind Katzen, die schon von den Mayas verehrt wurden. Längst haben die feinsinnigen Geschöpfe der Nacht wahrgenommen, dass es unruhig im Felsenlabyrinth wird. Und erspürt, dass sich jemand in Gefahr begeben hat. Diese Fähigkeit haben die Vorfahren von Generation zu Generation weitergegeben.

Immer noch vorsichtig und jeder Zeit bereit wegzulaufen, sucht sich Mosi ein Nachtlager. An einer mit Moos bedeckten Stelle hockt sie sich erschöpft auf den Boden, legt den Kopf auf die Hände. In der Dunkelheit der Nacht ist sie schwer erkennbar, sie liegt verborgen hinter einer Wand des Felsens. Und hofft, nicht entdeckt zu werden.

Im spärlichen kalten Nacht Licht, kann sie oben am Felsen die streunenden Fledermäuse gerade so erkennen. Lautlos kriechen Klapperschlangen neugierig um sie herum. Skorpione und Spinnen machen sich auf den Weg, nach Nahrung zu suchen. Mosi zittert vor Angst.

Der Stein bildet plötzlich grünes sanftes Licht um sie herum. Wie auf Kommando schwingen die Fledermäuse die Flügel, dass es klingt, als würden sie lachen. Die anderen Tiere suchen schnell das Weite.

Eine Stimme tönt im Felsenlabyrinth. Erschrocken blickt sich Mosi um. „Ich bin Cabvacan der Herrscher dieses Reiches und kann dich vor den Tieren schützen! Wenn du die Bedingung erfüllst und nach 7 Nächten meine Frau wirst." Wie erstarrt sieht sich Mosi um. Tapfer hält sie den Stein in der Hand. Und nimmt ein Geräusch wahr. Es hört sich an wie das Rauschen eines Wellenschlages.

Mosi entdeckt einen Brunnen. Der Stein hat sie hingeführt, leuchtet angenehm grün und es ist gar nicht mehr so dunkel. Seine Farben spiegeln sich im Klaren Wasser, wie die Farben des Regenbogens.

Mosi schaut hinein und schmunzelt, weil sogar ihre Haare im Brunnenwasser grün wirken.

Das Wasser bewegt sich sanft und sie hört plätschernde zarte Stimmen. „Mosi, spring in den Brunnen, hab keine Angst, der Stein bewahrt dich vorm Ertrinken".

Der Felsengeist fordert grummelnd: „Rühr dich nicht von der Stelle, Mosi. Ich will dich zur Frau!" Sein Echo wirkt im Felsenlabyrinth wie der Donnerschlag eines Gewitters.

Mosi zögert nicht lange und springt in den Brunnen. Dem rauen Felsengeist möchte sie nicht begegnen. Sie hält angestrengt die Luft an, aber der Stein bildet eine schützende grüne Aura um sie herum. Es fühlt sich an, als würde sie im Wasser wie von Händen hinab getragen.

Unten im Berg, wo sich die Schatten des Brunnenwassers brechen, lebte ein kleines Volk.

Vor tausenden von Jahren entdeckte ein Stamm der Maya diese Quelle, die sie als besonders rein und klar bezeichneten. Sie glaubten, dass die Mondgöttin hier ihren Krug mit Wasser über der Erde leerte, und bauten einen Brunnen. Ganz tief im Felsen gibt es eine Höhle. Mit Felsenmalerei, auf denen Katzen zu sehen sind. Kaum vorstellbar, dass hier einst Menschen gelebt haben.

Die Höhle wird seit Jahrhunderten von den Katzen bewacht. Keine Wassertropfen sollten, wie Tränen in die Höhle gelangen. Es wird vermutet, dass es von der Höhle aus einst noch einen Wasserlauf gab, der die Mayas mit Booten zu dem Wasserfall führte. Sie nannten ihn ihren „Smaragdsee", weil sie dort die einzigartigen, von den Gezeiten erschaffenen Steine fanden.

Unbeschadet kommt Mosi unten im Bauch des Berges an. Kein Tropfen Wasser perlt von ihr ab. Die Katzen hatten vorsichtshalber ihre Schirme aufgespannt.

Es waren 2. Mit schwarz-orangem geflecktem Fell. Und mit gelb-orangenen Augen. Diese leuchteten wie 2 Sonnen. Die beiden schönen Katzen trugen jede eine Kette, ein Sonnenband mit einem Amethyst.

Magisch angezogen fühlt sich Mosi, als ihr Stein mit leuchtendem Grün die Steine der Katzen berührt. Diese sprachen zu ihr: „Sei herzlich willkommen Mosi, es ist schön, dass dein Mädchenname „Katze" in der Indianersprache bedeutet"! Wir sind, „Zipacua" und „Huracán", stellten sie sich vor!" Als sich Mosi verbeugen will, strecken ihr die Tiere die Pfoten entgegen. Sie zögert etwas, weil sie scharfe Krallen vermutet. Aber die imposanten Tiere sagen: „Hab keine Angst, wir wollen dir nichts Böses!" Samtweich fühlen sich die Tatzen an.

Die junge Indianerin bestaunt die schönen Tiere. Und erzählt ihnen entspannt von dem Erlebnis mit dem Felsengeist. „Zipacua" und „Huracán" schauen gelangweilt vor sich hin. Sie kennen „Cabvacan" Und sagen: „Du brauchst dich nicht zu fürchten, bei uns bist du in Sicherheit." Schüchtern fragt Mosi die Katzen: „Darf ich von dem Quellwasser trinken. Ich habe großen

Durst". „Ja, tank auf und trink so viel du willst. Wir machen inzwischen ein Päuschen."

Die Katzen legten sich auf 2 seidene Kissen, die mit kunstvollen Mustern der Mayas bestickt waren. Sie schnurrten leise vor sich hin, blieben aber wachsam, denn die Ohren bewegten sich kaum merklich hin und her. Mosi setzte sich auf ein Kissen, das ihr „Huracán" fürsorglich hingelegt hatte. Sie fühlt sich beschützt und geborgen.

Mit einem Mal wurden die Katzen unruhig!

Und legten sich in Angriffs Position. Sie stellten die Ohren auf. Mosi hört von oben einen Schall mit einem großem Platsch, so als würde man Steine ins Wasser werfen. Gerade noch rechtzeitig zeigt ihr „Zipacua" den schwer erkennbaren Gang zur Höhle. Schnell schlüpft die Indianerin in die Höhle, um sich zu verstecken. Ihr Smaragd leuchtet. Hier stellt sie sich vor, dass ihre Vorfahren mit Fackeln in der Höhle sitzen. Unheimlich wird es ihr. Aber sie war allein. Es ist warm in der Höhle. Sie spürt einen ganz geringen Luftzug. Mosi versucht, die Malerei an den Wänden der Höhle zu erkennen. Sie kann trotz des Leuchtens ihres Steines nur Umrisse entdecken. Der Luftzug streichelt sie warm. Sie fühlt sich fast, als würde ihr die Ferne Geschichte erzählen. Wieviel Zeit mag wohl vergangen sein? Fast glaubt Mosi, sie wäre in einem Stundenglas verronnen.

Nun doch wieder neugierig geworden schleicht die Indianerin so leise wie möglich den schmalen Gang zum Platz der Katzen zurück. Und kann kaum glauben, was sie sah.

Die Katzen leckten sich die Mäuler über den Überresten eines Gürteltiers. Sie sagten: „Entschuldige bitte Mosi, wir haben unser Festmahl schon beendet. Was denkst du wer in unseren Mägen verdaut wird?" Die Katzen lachten, als sie Mosis Ratlosigkeit sahen. Und Zipacua sagte: „Cabvacan" der Felsengeist"!

Du bist erlöst! Sprachlos sah Mosi die Katzen an.

„Wir sind ihm schon lange auf der Spur und wissen, dass „Cabvacan" eitel ist und sich seine Hässlichkeit nicht eingestehen kann. Selbst die Skorpione und Schlangen des Felsenlabyrinths verschwinden, wenn sie ihn sehen! Daher schaut er sich immer wieder sein Spiegelbild im Brunnenwasser an. Doch diesmal ist es schiefgegangen und er ist in den Brunnen gefallen."

„Der Felsengeist war nur ein Gürteltier", bemerkt Mosi mit einem fragenden, lustigen Unterton in der Stimme. Und zeigt auf die Überreste des Unholdes.

Seine Stimme erschien ihr im Echo des Brunnens wie Donnergrollen ...!

Die Katzen blickten plötzlich wie erstarrt, und verwandeln sich zu Statuen aus Stein.

Jemand ruft: „Mosi, Mosi bist du hier?" Mosi horcht auf und reibt sich die Augen. Ist es noch Traum oder Wirklichkeit? Sie sieht im Dunkeln den Lichtschein einer Fackel. Als sie zu sich kommt, liegt sie immer noch auf dem Moos Bett.

Die junge Indianerin war am Abend zuvor vor Erschöpfung hier eingeschlafen. Der da ruft, ist ihr Vater, der jeden Winkel des Labyrinthes mit der Fackel, nach ihr absucht. Hastig steht Mosi auf, läuft auf ihn zu und hält dabei ihren Stein in die Höhe. Er funkelt wie ein Stern am Nachthimmel. Jetzt hat sie ihr Vater gesehen. Er läuft ihr entgegnen und nimmt sie in seine Arme. Glücklich, sie gefunden zu haben. „Ich habe dich einen ganzen Tag und auch des Nachts gesucht. Ich sah den Krieger Sambo mit seinem Speer gerade noch über die Netzbrücke huschen. Sofort wusste ich, dass du nur im Felsen Labyrinth versteckt sein kannst. Wir stärken uns erst mal."

Ihr Vater hatte 2 Kaninchen erlegt. In der Höhle machten sie sich ein kleines Feuer. An der Quelle konnten sie ihren Durst löschen.

„Geh nicht mehr an den Smaragdsee, warnte sie ihr Vater.

„Der Stamm der „Wari" hat keine guten Rituale mehr. Vom heiligen Berg habe ich gesehen, dass die Krieger aggressive Tänze vollführen. Im Sprechgesang gellende Schreie ausstoßen, wütend stampfen. Und ihre Bemalung sieht jetzt noch bedrohlicher aus."

Die beiden wollen nun gemeinsam aufbrechen. „Es ist besser, du behütest die Steine, die du schon hast. Irgendwann zieht ihr Stamm vielleicht mal in ein anderes Gebiet des Regenwaldes.

Fordere dein Glück nicht heraus. Bitte versprich mir, dass du nicht mehr nach den Steinen suchen wirst."

Mosi umarmt ihren Vater, löst das Haarband und schenkt ihm ihren Stein.

Gib denen, die du liebst, Flügel, um wegzufliegen,
Wurzeln, um zurückzukommen,
Und Gründe, um zu bleiben.
(Dalai-Lama)

Schwalbenglück

Es standen einst 2 Burgen nebeneinander. Nur der Graben trennte sie voneinander. In der einen wohnte das Burgfräulein „Anna" mit ihrem Prinzen „Fabian".

Die Burg wurde im Volksmund „Zum Schwalbenstock" genannt, weil bis zu dreimal im Jahr an den Erkerfenstern der Burg oben Schwalben brüteten.

In der anderen wohnte die Witwe „Raven". Sie war griesgrämig und falsch.

Wenn des Morgens das Fräulein die Fenster weit öffnet, strahlt sie wie die Vorbotin der Sonne. Als wäre sie Teil des Lichts. Die Schwalben waren schon auf Futtersuche. Und tauchten ein in das feine Rot des erwachenden Morgens.

Die Sonne ließ sich schon sehen. Sie versprach einen schönen Tag.

Der Prinz ritt hoch zu Ross wie jeden Morgen in einen anderen Winkel seines großen Reiches.

Lange winkte das Burgfräulein ihm hinterher, bis Fabian fast hinter den Häusern des Dorfes verschwunden war.

Raven schaute auch aus dem Fenster. Freundlich grüßte Anna die Alte: „Guten Morgen Frau Nachbarin. Wie geht es Euch?" Falsch lächelte Raven ihr ins Gesicht und schwindelte: „Ja, GUT!"

Neidisch war sie auf das junge Glück. Sie sah auch bösartig zu den Schwalben. Dass beim Burgfräulein viele Generationen der Schwalben ihre Jungen aufziehen konnten, gefiel ihr gar nicht. Sie hasste die Schwalben.

Raven hatte die frohen Sommerboten von ihrer Burg vertrieben.

Sie ärgerte sich über die vielen weißen Kotflecken. Welche die Schwalben Eltern aus den Nestern hinein in den Burggraben fallen ließen. Wenn die Schwalben des Morgens lustig an ihre Fensterscheibe klopften, zog Raven die Bettmütze fester über ihre Ohren. Und warf ein Kissen nach ihnen.

Die Vögel freuten sich, dass sie beim Burgfräulein Anna brüten durften, denn hier waren Schwalben willkommen. Sie waren fröhliche Sänger und den weißen Schwalbenkot schwemmte der Gärtner immer mal mit einem Schwall Wasser hinweg. Gern stimmte er dabei in das Lied der Schwalben ein.

Die Alte hatte ab und zu einen Liebhaber. Schon nach einer Woche schlichen diese sich des Nachts wieder davon. Raven lockte und heuchelte. Nach drei Tagen mussten sie wie Sklaven für sie arbeiten. Am Feld wurden sie vor den Flug gespannt. Abends zwang sie Raven Kohle und Holz vom Köhler heranzuschleppen.

Die jungen Männer warteten nur auf den Moment, indem die Alte fest schlief. Das Bündel mit den Habseligkeiten hatten sie unbemerkt unter dem Kopfkissen versteckt. Sie wollten nur noch das Weite suchen.

Wenn Raven in der Früh merkte, dass sie wieder allein war, wurde sie rot vor Eifersucht, als sie die glückliche Anna sah. Täuschend echt ähnelte die Gesichtsfarbe der Alten der Morgenröte, sodass Anna nichts auffiel.

Eine Schwalbe flog Anna vormittags, wenn sie im Kräutergarten Gewürze für die Küche sammelte, lange Zeit hinterher, und zwitscherte:

> *„Gib acht,*
> *bei Vollmond um Mitternacht*
> *ist es vollbracht!"*

Anna konnte mit dem Vers nichts anfangen, freute sich aber über die treue Schwalbe.

Als sich Raven einige Tage morgens nicht wie gewohnt am Fenster blicken ließ, machte sich Anna Sorgen. Sie dachte an den Gesang der Schwalbe. Um Mitternacht ging sie leise und vorsichtig ans Fenster, und sah zu der Alten hinüber. Sie wollte kaum glauben, was sie sah. Raven nahm aus dem alten Kleiderschrank ein goldenes Gewand. Das zog sie an. Und sah darin einzigartig schön aus. An einem großen Knopf hing ein Ringlein mit einem Diamanten. Sie drehte ihn und wurde zur Schönheit.

So konnte sie die Liebhaber blenden, dass sie alles um sich herum vergaßen. Bis sie nach einigen Tagen wie betäubt erwachten. Den Betrug bemerkten und Raven davonliefen.

Anna hatte nicht damit gerechnet, dass die Katze der Alten sie erspürte. Und mit einem Sprung über den Graben direkt in ihrem Fenster landete.

Die junge Frau war furchtbar erschrocken. Und schloss schnell das Fenster, um die Schwalben zu schützen.

Die Alte bemerkte das Klappern und ahnte wohl, dass Anna ihr Geheimnis entdeckt hatte.

Sie zog das Gewand aus und hängte es samt Ringlein in den Schrank. Da sprach eine Stimme tief wie die eines Faultiers:

*„Wer das Gewand erkannt,
wird als Schwalbe
im Walde verbannt!"*

Da öffnete sich eine kleine Luke an der Burg zum Schwalbenstock. Eine Schwalbe flog traurig mit der Schwanzfeder wippend zum Wald.

Drei Jahre suchte der Prinz nach dem Burgfräulein. Leider kehrte er immer wieder betrübt und erfolglos heim.

Auch die Schwalben lebten seitdem in ständiger Angst, weil die Katze der Alten versuchte, ihnen die Brut zu stehlen.

Manchmal begleitet Fabian eine Schwalbe, die eines Tages zwitschert:

„In der Alten Schrank hängt ein Gewand. Am Knopf ein Ringlein funkelt. Das musst du schlagen in einen Topf. Dann wird das alte Herz gekocht. Schaffst du es nicht bis drei Uhr früh, dann war umsonst die Müh!"

Der Prinz hatte verstanden, was die Schwalbe zu ihm sprach.

Des Nachts schlich er sich zum Fenster der Alten. Er hörte ihr Schnarchen. Ganz vorsichtig und beinah lautlos kletterte er in das Zimmer. Er sah in der Dunkelheit die Umrisse des Kleiderschrankes. Gleich beim nächsten Schritt knarrte eine Diele. Die Alte wurde kurz wach, schnarchte aber weiter.

Seine Beine schienen ihm schwer wie Blei. Jeder Schritt donnerte in seinen Ohren wie der Schlagstock einer Trommel.

Raven drehte und wälzte sich im Bett. In ihren Ohren klang es jedoch wie ein leiser Trommelwirbel.

Nach halber Strecke war der Prinz derart erschöpft, dass ihm beinah die Augen zu fielen. Noch ein letzter unendlich langsamer Schritt. Da fegte der Schlagstock über die Trommel. Für seine Ohren kaum auszuhalten. Aber er gab nicht auf.

Endlich erreichte er den Kleiderschrank. Die Tür brummte:

*„Reich mir die Hand,
dann geb' ich dir's Gewand!"*

Ganz leicht ließ sich der Schrank öffnen. Und das Gewand schwebte in seine Hand.

Jetzt hört er die Uhr im Kirchturm 2x läuten. Die Alte trällerte sogar im Schlaf.

Doch das Ringlein ließ sich nicht vom Knopf lösen. Es war wie mit Bootstauen umgarnt. Bis eine feine Stimme sprach: „Brenne, brenne, trenne mich!"

Im Ofen der Alten glimmt noch ein Hölzlein in der fast verloschenen Glut. Der Prinz kann die Tür nicht öffnen, sie ist zu heiß. Aus der Tasche des Gewandes schwebt 1 feines unsichtbares kühles Tuch, das sich in seine Hand legt. Jetzt kann der Prinz die Tür des Kamines öffnen.

In dem Moment bewegt sich Raven so heftig mit der Bettdecke, dass durch den Luftzug die Glut beinahe verloschen ist.

Er hört einen zarten Trommelwirbel, und das Licht am Hölzlein hat für einen Moment leuchtende Farben in Rot und Gelb. Und nur Fabian kann hören: „Eine Rose golden wie der Sonnenschein, soll mein Beschützer sein!" Das Gewand verwandelt sich in eine goldene Rose und das kleine Licht schwebt in die Blüte. Die Blütenblätter umschließen es sanft.

Fabian trägt die Rose mit dem kleinen Licht schützend in den Händen. Als die Blume ihre Blüte öffnet, lässt sich das Ringlein mit der Kraft des Lichtes lösen.

Der Topf mit Deckel steht auf dem Herd. Doch als Fabian das Ringlein dreinschlagen wollte, ließ sich der Topfdeckel nicht öffnen.

Sosehr er sich mühte, der Deckel ist wie festgeklebt.

Angstvoll sah's die kleine Schwalbe auf der Kirchturmspitze, und verfolgte das Geschehen im Raum der Alten. Sie wusste, es waren noch wenige Minuten bis zu der Erlösung.

Sie weinte so bitterlich, dass die Schwalben vom Schwalbenstock es hörten und losflogen, um dem Prinzen zu helfen.

Im leichten ruhigen Flug schweben 20 Schwalben unbemerkt durch die kleinen Lücken in Ravens Burg. Gemeinsam schaffen sie es, mit den Schnäbeln den Deckel vom Topf zu lösen und in der Luft zu halten.

Der Prinz schlug den Ring in den Topf. In dem Moment sah er, wie sich das Herz aus der Brust der Alten lockert, um in den Topf zu fallen. Sie selbst versuchte es festzuhalten und es schwebte im Raum. Es wurde wie von Magneten hin und her gezogen. Das Herz schlug auch in der Mitte des Raumes weiter. Raven greift immer weiter danach, um es in den Körper zu ziehen. Im Topf begann es zu brodeln. Nun, da die Kraft des Ringes siegte, sank die Alte auf das Lager.

Das Herz verkochte. Die Kirchturmuhr schlug 3x. Die Schwalben schlossen den Deckel.

Der Zauber erfüllte sich. Von der Kirchturmspitze herunter schwebte die traurige Schwalbe und vorm Kirchlein stand das Burgfräulein Anna. Der Prinz nahm sie in die Arme. Und sie lebten glücklich in der Burg. Eine wundervolle Rose blüht das ganze Jahr am Erker Fenster der Burg „Zum Schwalbenstock".
„Wo Schwalben nisten, wohnt das Glück!"

Volk der Wassertropfen

In einer Muschel lebte einst die Wasserflohprinzessin „Picebo" mit ihrem Volk. Vor hunderten von Jahren waren bei einem Sturm die Prinzessin und das Wassertropfenvölkchen in die Muschel gespült wurden.

Picebo's Krone trugen hunderte von feinsten Wassertropfen, die in den schönsten Farben schillerten. Federleicht sind sie in ständiger Bewegung, um das gläserne Krönchen zu halten.

Der kleine Floh mit dem Sattel auf dem Rücken hüpft oft hin und her. Kam einer der Tropfen ins Schwanken, jauchzte Picebo etwas erschrocken. Das Klingen der Tröpfchen hörte sich an wie zarter Nieselregen, der erst wie ein grauer Schleier über dem Teich liegt. Gleich setzt sich die Sonne durch.

Die Austernperle „Anisha", die tief unten im Schlund der Muschel wohnt, dachte eingebildet an die Fluten der Gezeiten zurück. Als sie in der Muschel entstand, und hier her gespült wurde.

Nur einmal im Monat öffnet die Muschel sanft die Schalen, um Luft zu holen. Es geschieht in der Mitte des Tages.

Und dieser Moment versetzt das Volk der Wassertropfen in große Unruhe. Die kleinen Perlen trippeln unruhig hin und her. Sie dürfen die Krone nicht verlieren. Denn ohne die Krone würde Anisha, die Austernperle so wütend werden, dass die Muschel die Wasserflohprinzessin mit dem Völkchen mit einem einzigen Atemzug ausstoßen würde. Schließlich hatte sie die Austernmuschel über die Gezeiten hinweg das turbulente Treiben im Innerem dulden müssen.

Sie wären verloren. Wie die Tänzer im Ballett drehen sich die Tropfen knicksend um die Prinzessin und rufen:

„*Falle nicht, nein falle nicht,
du entschwindest sonst dem Licht.
Und zerbrichst!*"

Anisha übersah die winzigen Tröpfchen überheblich, dachte nur an die eigene Schönheit. Ab und zu spiegelt sich Anisha, die Austernperle, in der gläsernen Krone der Wasserflohprinzessin. Sie kann sich nicht sattsehen, denn übermächtig groß und bunt taucht sie ein in den trügerischen Spiegel.

Mit der Zeit wurde die Krone mit „Picebo", der Wasserflohprinzessin, immer schöner.

Das erkannte Anisha nicht.

Zu sehr war sie selbstverliebt.

Farbenprächtig funkelt das Krönchen, als würden feinste Sonnenstrahlen sie im Wasser des Teiches berühren. Anisha dachte böse: *„Beim nächsten Gewitterguss wird euch schon die Wasserwanze „Kugel dick" oder ein Fisch zu fassen kriegen. Und ich bleibe die Schönste des Teiches wie eh und je!"*

Dennoch lebten in all den Jahren die Wassertropfen friedlich mit der Austernperle. Sie bemerkten die Überheblichkeit der Perle nicht, und ahnten nichts von deren Plänen. Geheimnisvoll schön ruhte sie am Grund der Muschel.

Dem Wassergott „Poseidon", der die starken Regenfälle herbeirufen kann, entging nichts.

Der alte Teichmolch, der Wasserpfeifer „Amor", der Herrscher dieses Teiches, sprach wieder einmal sein Klagelied über die Austernperle „Anisha" bei ihm aus.

Auch ihm missfiel die spiegelverliebte Auster, die eigentlich nichts tat, als sich ihrer eigenen Schönheit zu erfreuen. Und so vereinbarten die beiden, „Anisha" auf die Probe zu stellen.

Es regnete nun 3 Tage lang und viele Gewitter zogen über das Land. Und wirbelten durch den kleinen Teich.

Die Muschel mit dem Völkchen der Wassertropfen musste aber dennoch Luft holen. So ist nun mal in der Zeit die besondere Ordnung der guten Dinge.

In den Wirbeln der starken Regenfälle war dabei etwas Wasser in ihre Schalen geschwappt.

Bei ihrem kräftigen Hatschi geschah es nun, dass die Wassertropfen sich kaum noch an der Krone der Prinzessin halten konnten. Und das Völkchen flog wie mit einem Katapult aus der Muschel, bis schließlich die erschöpfte Muschel ihre Schale verschließt.

Die Perle „Anisha" schloss genüsslich die Augen und schlummerte ihren Schönheitsschlaf, während der Regen und das Gewitter langsam über dem Teich verschwanden.

Die Wassertrophenperlen mit der wunderschönen Krone waren auf einem Kleeblatt gelandet. Und sehr besorgt um ihre Wasserflohprinzessin, die nicht bei ihnen war.

„Wir müssen sie finden, denn ohne die Krone ist sie verloren!"

Das Kleeblatt „Frohgemut" sprach zu ihnen: „Ich kann euch helfen. Ich bin ein Glücksbringer! Schaut, mein viertes Blatt kann zaubern!". Die Wassertropfen staunten, denn so etwas hatten sie noch nie gesehen.

Und „Frohgemut" sprach den Zauberspruch:

„Perlen, ihr Perlen so sanft, schaut ins Gras, ob die Prinzessin hier saß!"

Und weiter spricht das Kleeblatt: „Die Krone lasst hier, ich wickle sie in mein viertes Blatt, so wird ihr nichts geschehen!"

Sogleich bewegten sich hunderte von Wassertropfen, die durch die Regenfälle entstanden waren, die Blätter hinunter, um mit dem Völkchen gemeinsam, nach der Prinzessin zu suchen.

Unterwegs tuschelten sie:

„Die Prinzessin, „Picebo" soll, wie ein großer Wassertropfen aussehen, der in vielen Farben leuchtet! Wir müssen uns beeilen, eh es zu spät ist, denn die Unke „Rot Bauch" liebt solche Delikatessen".

Sie beschliessen, einen festen Röhrenpilz mitzunehmen, damit wollten sie die Prinzessin auffangen. Und sie vorsichtig hineinsetzen.

Alle Wassertropfen bildeten eine Reihe.

„Aufnehmen Leute!", kommandierte „Taufrisch". Sie nahmen den Röhrenpilz und trugen ihn über ihren Köpfen. Durch den Zauberspruch des Kleeblattes waren sie bald auf dem richtigen Weg.

„Schaut, da sitzt die Prinzessin!" riefen die Tropfen im Chor, denn so einen Anblick sahen sie noch nie.

„Picebo" hatte sich mit ihren kleinen Zangen fest um ein Schneeglöckchen gelegt, war sehr traurig und weinte.

Die Tränen schillerten in vielen Farben, und verwandelten sich in kleine Eiskristalle.

Es wollte dem Völkchen der Wassertropfen fast das Herz brechen. Schnell fingen sie die Prinzessin „Picebo" in dem Röhrenpilz auf. Und trugen sie heim.

Beim Kleeblatt angekommen, setzten sie „Picebo" die Krone auf.

Voller Bewunderung schaute sie das kleine Völkchen der Wassertropfen an. Und überall sah man sie funkeln wie in einem Spiegel.

Beim Kleeblatt „Frohgemut" bauten sie aus anderen Kleeblättern ein Schloss. Später umrankten es feine Wiesenblumen. Wenn die Armee der Glühwürmchen es des Abends mit seinen bunten Lichtsignalen bewacht, sieht das winzige, kaum sichtbare Schloss zauberhaft aus.

Das kleine Völkchen mit der Wasserfloh Prinzessin „Picebo" lebt glücklich am Rand des Teiches.

Eines Tages fand ein Junge beim Spielen am Teich die Muschel mit der Austernperle „Anisha". Als er sie seinem Vater zeigte, beschließen sie, die Muschel für das Aquarium nach Hause mitzunehmen. Nach einiger Zeit bekam die Familie Besuch von dem Bruder des Vaters, der sich schon lange mit Aquakultur beschäftigt.

Wie immer betrachtet er mit dem Jungen interessiert das Aquarium und entdeckt die Muschel. Er fragt: „Wo habt ihr denn das besonders schöne Exemplar gefunden? Das ist eine Austernmuschel, die bestimmt eine Perle enthält. Sie muss schon etliche Jahre alt sein."

Der Junge antwortet: „Beim Spielen am kleinen Waldteich"! „Diese Muschel muss ich unbedingt mit nach Hause nehmen, und sie genauer untersuchen", meinte der Bruder.

Schweren Herzens willigt der Junge ein. Ruhig trägt der Onkel die Muschel in einem Wasserglas nach Hause. Ungeduldig wird er von seiner jungen Freundin erwartet.

Die Vorbereitungen zur Hochzeit sind noch in vollem Gang. Als er heimlich die Muschel sorgsam untersuchen will, schaut sie ihm neugierig über die Schulter. Ganz vorsichtig öffnet er die Schalen der Muschel. Beide bewundern die schöne Austernperle. Sogleich denkt die junge Frau an ihren Brautschmuck.

Mit viel Charme umschmeichelt sie ihren Freund. Sie kann ihn überreden, die Perle an ihrem Brautschleier, den sie als Kopfschmuck tragen will, zu befestigen.

Anisha ist ärgerlich, als sie etwas abrupt aus ihrem Schönheitsschlaf gerissen wird. So verärgert das sie sich fast dunkel färbt.

Die junge Frau lässt sich jedoch nicht davon abschrecken. Zu groß ist der Wunsch, eine Austernperle am Schleier zu tragen.

Und als die Braut von der Hochzeitsgesellschaft von allen bewundert wird, sieht „Anisha" sich außerordentlich geschmeichelt.

Sie leuchtet erst goldfarben und dann blau. Es ist fast, als würde sich der Himmel öffnen.

Der Schleier mit der schönen Austernperle wird gut aufbewahrt und an die nächsten Generationen der Familie weitergegeben.

„Schwalbenzirkus"

Vor einigen Zeiten lebte ein Ehepaar, das hatte einen Sohn. Der war klein und auch nicht schön. Dicke Pausbacken und eine Knollennase zierten sein Gesicht. Die Haare standen wie Borsten auf dem Kopf.

Sie nannten ihn Theodor, und riefen ihn meist Theo. Hinter den Gardinen der Nachbarn wurde darüber geredet und getuschelt. Bald erwartet die Frau wieder ein Baby. Ängstlich sagte sie zu ihrem Mann: „Wenn das Kind nun wieder hässlich wird, was machen wir dann bloß?" Der Mann beruhigte sie: „Warte es erst mal ab, noch ist es nicht auf der Welt!" Und siehe da, das kleine Mädchen war niedlich und hübsch anzusehen. Schon am ersten Tag der Geburt kräuselten sich auf dem Köpfchen goldene Löckchen.

Die Frau war überglücklich und sie nannten es Luisa.

Die Kleine wurde von den Eltern nach Strich und Faden verwöhnt. Sie bekam die wohlschmeckendsten Speisen, seidene Spitzenkleidchen und Häubchen. Sie sah allerliebst darin aus. Den Jungen beachtete niemand mehr. In einem hölzernen Teller bekam er das notdürftige Essen. Sein Bett wurde in eine dunkle Kammer gestellt. Seine Schwester war oft hochnäsig und gemein zu dem Bruder. Sie zog ihn an der großen Nase. Und formte Lehmkugeln, die sie in die borstigen Haare warf. Der Junge war traurig, und weinte oft in seinem Bett. Luisa schlief auf Daunen gebettet.

Eines Tages sagte die Mutter zu Theo: „Du gehst jetzt deiner Wege, du bist uns nur ein unnützer Esser. Morgen in der Früh nimmst du dieses Bündel und verlässt unser Haus!". Der Junge weinte und bat erfolglos. Die Eltern blieben unerbittlich.

So machte er sich des Morgens auf den Weg, verließ das Dorf, und lief immer weiter die Straße entlang. Als im Bündel kein Brot mehr lag, ernährte er sich von Früchten und Beeren, die er am Wegesrand fand. Viele Kilometer war er schon gelaufen. Er war bald so erschöpft, dass ihn die Füße nicht mehr tragen wollten.

Mutlos konnte er sich nur noch auf eine Flechte mit dicht bedecktem Moss am Straßenrand in der Nähe eines Waldes legen. Er schlief schnell ein.

Zu jener Zeit war ein Wanderzirkus in der Gegend unterwegs. Das lustige Völkchen mit den bunten Wagen war schon von weit her zu sehen.

Der Feuerschlucker des Zirkus, „der heiße Peter", rief plötzlich: „Anhalten! Da drüben im Moos liegt ein Junge!" Der Kutscher brachte die beiden Pferde zum Stehen.

Peter fand den halb verhungerten Jungen und trug ihn in einen Wagen des Zirkus. Die Fahrens Leute streichelten und bedauerten ihn. Sie fragten: „Wie heißt du eigentlich?" Verschüchtert sagte er: „Theodor, ich werde Theo genannt". Die Bauchtänzerin Dina lachte und sagte: „Du passt gut zu uns, das ist ein lustiger Name!"

Sie kochten Theo eine kräftige Suppe. Es waren seltene gesunde Kräuter darin, die nur die Köchin Berta kannte, und niemanden bisher verraten hatte.

Peter sagte: „Schlaf dich erst mal aus! Hier beim Eselchen Pedro machen wir dir ein Lager".

Die bunte Truppe war noch paar Tage unterwegs! Sie fuhren mit dem Zirkus jedes Jahr an den gleichen Ort. Nahe bei der Straße, auf einer großen Wiese, stand ein verlassenes Bauernhaus mit großer Scheune. Unter dem Dach der Scheune brüten zahlreiche Schwalben. Das hatte ihnen über die Jahre viel Glück gebracht. Die Kasse würde den ganzen Sommer lang klingeln.

Ängstlich zuckte der Junge in unruhigem Schlaf immer noch zusammen. Der kleine Esel stupste Theo vorsichtig an, als wollte er ihm ein Küsschen geben. Bald schlief der Junge tief und fest.

Im Haus der Eltern wuchs Luisa prächtig heran. Den Bruder Theo vermisste sie eigentlich nicht.

Wie in jedem Jahr im Mai flog die Fee „Feadoro" eines Abends über die Häuser des Dorfes, um zu schauen, ob es den Kindern des Ortes gut ging. Schon lange missfiel es ihr, wie Theo behandelt wurde. Sie dachte an eine List, um auch Luisa eine Lehre zu erteilen, die sie nicht vergessen sollte. Schnell schlüpfte „Feadoro" durch einen Fensterspalt, sah sich in den Stuben und in Theos dürftiger dunkler Kammer um. Theo lag nicht im Bett. Er war im ganzen Haus nicht zu finden, so sehr die Fee ihn auch suchte. Nur Luisa lag in feinen Linnen.

Da schnitt sie dem Mädchen die kleinste Locke ab. Sie schwang ihren Zauberstab und sprach:

> *„Als Schwalbe sollst du fliegen nun,*
> *die Locke an der Feder*
> *erlöst den Bruder später!"*

Und Luisa wurde zur Schwalbe, die goldene Locke zierte das Federkleid.

Bis zum Morgengrauen saß sie als Schwalbe ratlos am Fenster, bis ein leichter Luftzug es öffnete. Und die Tür von Theos Kammer leise knarrend zufiel. Sie dachte daran, wie die Eltern Theo aus dem Haus jagten. Sie schämte sich ihrer Arroganz. Und als die Eltern in den Morgenstunden noch fest schliefen, flog die verzauberte Luisa los, um den Bruder zu finden.

Inzwischen war der Wanderzirkus an dem Ort angekommen, den sie „Glücksstadt" nannten. Theo ging es von Tag zu Tag besser. Der kleine Esel wurde sein bester Freund. Und bald hatten die Fahrens Leute eine Idee. Theo könnte unser neuer Clown werden, beschließen sie!

Schon am nächsten Tag begannen sie, mit ihm zu üben, Purzelbaum und Handstand. Jonglieren, Lachen, Trommeln und Tamburin schlagen.

Theo war mit großer Freude bei der Sache und schien glücklich unter seinen neuen Freunden.

Bald hatte er so viele Kräfte gesammelt, dass er zu einer der nächsten Vorstellungen in die Arena tapste. Im Clown Kostüm und im Gesicht bunt angemalt wurde er zum Liebling der Kinder. Sie lachten über die Späße, wenn die Seilakrobatin Idamona mit bunten Monsterseifenblasen in der Manege tanzt, und Theo darüber stolpert. Und wenn er, mit der kleinsten Maske der Welt, der roten Nase, auf dem Boden landet. Nach Luft schnappend sah er dabei beinah wie ein dickbäuchiges Seepferdchen aus. Die Kinder lachten und klatschten.

Dann geht ein Raunen durch die Menge, wenn Theo an der Luftballonkette abhebt und, hoch ins Zirkuszelt schwebt.

Bodo, der Artist, schießt Pfeile in die Luftballons. Er darf Theo nicht treffen. So manches Kind hält sich die Augen zu. Einige Pfeile prallten ab, viele zerbrachen. Beim Trommelwirbel trifft einer nach dem anderen und bringt Luftballons zum Platzen. Schon senkt Theo sich herab und landet mit seinen viel zu großen Schuhen. Ein anderes Mal will Theo auf Pedro reiten, aber immer wieder wirft dieser ihn vom Rücken.

Die Kinder konnten es kaum erwarten, wenn Theo den Hut schwenkend die Manege betrat. Sie liebten ihn und kamen gern wieder.

Der Geldbeutel der Zirkusleute war gut gefüllt, ihre Herzen voll Freude. Nicht nur die Schwalben, auch der kleine Theo hatte ihnen Glück gebracht.

Aber eines Tages waren die Schwalben unter dem Scheunendach verschwunden. Viel zu früh, sagte Peter, der Feuerschlucker. Kein fröhliches Gezwitscher. Die Zirkusleute konnten es sich nicht erklären. Die Zuschauer blieben aus, die Einnahmen wurden immer weniger.

Theo ist darüber so traurig, dass ihm die lustigen Kunststücke nicht mehr gelingen wollten. Was keiner bemerkt hatte, die Schwalben waren heimliche Zaungäste der Vorstellungen.

Sie saßen gut verteilt meist oben auf dem Zirkuszelt. Nur Theo sah sie, als er Pedro zur Tränke führte.

Die Schwalben hatten 10 Tage in der Abenddämmerung dort gesessen. Sie kannten das Programm beinah auswendig, und wären gern dabei gewesen. Das Futter für die Aufzucht der Jungen wurde knapp. Weil es in der Region tagelang nicht geregnet hatte, waren die Wiesen trocken und, die Felder dürr.

Nirgends waren Insekten zu finden. Und so beschlossen sie fortzufliegen, um einen neuen Ort zu finden.

Inzwischen war die Schwalbe Luisa weit geflogen, um den Bruder zu suchen. Am Wegesrand fand sie das Leinentuch, das Theo bei sich trug. Hier in der Gegend musste es sein. Auch Luisa konnte kein Insekt im Flug erhaschen. Und auch nichts trinken, denn weder ein See oder Bach waren in der Nähe. Sie wurde schwach, und schämte sich, weil sie so garstig zu ihrem Bruder Theo gewesen war.

Sie merkte bald, dass ihr der Bruder nicht mehr egal war. Sie dachte an seinen Mut, als sie an einem frühen Wintertag im Teich des Dorfes eingebrochen war. Sie wäre beinah erfroren. Da kam Theo angerannt, der von der Bäuerin einen Krug Milch holen sollte. Er hörte sie mit letzter Kraft rufen. Er brach einen Stock von der alten Weide, legte sich vorsichtig auf das Eis. Theo zog Luisa mit der ganzen Kraft heraus. Er hüllte sie in seine Jacke und trug sie nach Hause. Dennoch schickten die Eltern ihn weg. Schimpften, weil er Milch verschüttet hatte. Und kochten nur Luisa eine warme Honigmilch.

Die Zirkusleute indes schleppten sich durch jede Vorstellung. Ihnen ging das Geld und damit langsam die Vorräte und das Futter für die Tiere aus. In der Abenddämmerung setzen sie sich zusammen und beratschlagten, was sie tun könnten.

Theo saß mitten unter ihnen. Er schlug vor, nach ihren Glücksschwalben zu suchen.

Am nächsten Morgen machte er sich auf den Weg. Die Köchin Berta hatte ihm ordentlich Proviant eingepackt, denn sie wünschten sich, Theo möge glücklich mit den Schwalben zurückkommen. Mittags machte er an einem kühlen Bach eine Rast. Als er vor Sorge kaum einen Bissen runterschlucken konnte, stupfte ihn jemand an. Pedro war ihm gefolgt und begrüßte ihn mit einem freudigen iah, iah!

Es klang beinah wie die Fanfare des Zirkusdirektors. Ein Ton, als ob ein dicker Käfer in die Luft fliegt.

Das hatte Theo dem Freund beigebracht. Und auch, dass Herr Stanislaus einen freundlichen Tritt bekam, wenn die Vorstellung begann. Vor Freude wusste der Junge gar nicht, was er sagen sollte. Er teilte mit Pedro Zuckerstückchen und Möhren.

Die Schwalbe Luisa erreichte am Abend erschöpft die leeren Schwalbennester an der Scheune. Gerade noch rechtzeitig, denn die Luft wurde drückend schwül. Ein Gewitter kündigte sich an. Würmer, Maden, Spinnen und Mücken kamen hervorgekrochen.

Luisa konnte, fast verhungert, Insekten fangen, so viel sie wollte, und in den Pfützen den Durst stillen. Satt und müde würde sie in einem der Nester die Nacht verbringen.

Die bunten Wagen der Zirkusleute wirkten grau und blass. Luisa hörte vom Nest aus, wie Peter, der Feuerschlucker, mit Dina, der Tänzerin, sprach. Sie waren voller Sorge. Sehnlichst wünschten sie sich, ihr neuer Clown möge bald mit den Schwalben zurückkommen. Staunend erfuhr Luisa so, welches Glück die Schwalben und ihr Bruder Theo den Zirkusleuten brachten.

Luisa musste Theo unbedingt finden. Gleich flog sie am Morgen los. Peter sah die kleine Schwalbe, als er die Tiere des Zirkus zeitig früh mit den fast letzten Vorräten fütterte. Er hielt jeden Morgen Ausschau nach den Schwalben. In der Hoffnung, sie kämen zurück.

Das goldene Löckchen im Federkleid der Schwalbe Luisa, leuchtet in der aufgehenden Sonne. In Windeseile verbreitet Peter die Nachricht unter den Zirkusleuten.

Schon am Abend fand Luisa ihren Bruder. Pedro trug Theo ein Stück die Landstraße hinauf. Die kleine Schwalbe setzte sich zwischen die Ohren des Esels und zwitscherte:

„Nimmst du mich mit,
dann gehen wir zu dritt
die Schwalben suchen,
sie sind hinter den Buchen!"

Theo streichelte die Federn der kleinen Sängerin. „Warum nicht, begleite uns!"

Die Fee hatte alles mit Wohlgefallen beobachtet. Und als das lustige Gespann das Nachlager suchte und, im Moos friedlich schlief, lächelte sie und summte: „Beide haben doch ein Herz, das sind gute Gründe, die Schwalben bald zu finden!" Sie hob den Zauberstab und sprach:

„Wer sie hört an dem Ort, wird ein feiner Lord!"

Sie bedeckte die drei mit den Blüten der gelben Sonnenbraut, die sich wie ein feiner Schleier über sie legten. Als das Trio am

Morgen gut ausgeruht erwachte, glaubten sie, den Ohren und Augen nicht zu trauen.

Sie hörten das muntere Zwitschern zahlreicher Schwalben. Hoch über ihnen saßen sie in den Buchen. Und aus den drei Buchen wurde plötzlich ein prächtiges Schloss.

2 Schwalben flogen ihnen entgegen. Das Männchen trug einen kleinen schwarzen Zylinder. Die Schwalbendame ein hübsches Häubchen mit einem prächtigen weißen Federkleid. Sie wurden von einem Meer aus hundert weißer Röschen getragen. Theo glaubte, er träume noch.

Das Männchen nahm den Hut und setzte ihn Theo auf den Kopf. Die Dame legte das Häubchen sacht um Luisas schlanken Hals. Der Hut passte ihm wie angegossen. Er bekam eine schöne Gestalt. Und verwandelte sich in einen Prinzen.

Nur die große dicke Nase wollte nicht aus dem Gesicht weichen. Luisa bekam ihre Gestalt zurück. Sie war ein schönes Mädchen. Die Feder mit dem goldenen Löckchen blieb auch an ihr haften. Da zog Pedro in letzter Sekunde sanft die Locke von der Feder, und steckte sie an den Zylinder. Sogleich verschwand die dicke Nase aus Theos Gesicht. Das Schwalbenpärchen vollführte einen dreifachen Salto.

Die Rosenblütenblätter schwebten sanft wie Schmetterlinge eines Sommertags herab. Die Schwalbenfeder flog davon. Die Fee fing sie auf, hauchte sie in die Wolken.

Da wurden die Wagen der Zirkusleute wieder bunt, und nach dem Regen kamen die Schwalben zu ihnen zurück.

Der Zirkus konnte wieder öffnen und kleine und große Besucher kamen zu den Vorstellungen. Mit den originellen Attraktionen war er weithin bekannt und berühmt. Clown Theo und sein Freund Pedro blieben im Programm die Hauptattraktion des Zirkus. Besonders die Kinder lachten und klatschten. Die Schwalben blieben dem fahrenden Volke treu und hatten sogar märchenhafte Vogeldressuren einstudiert. Damit waren sie beim Publikum sehr beliebt.

Luisa und Theo lebten glücklich in dem Schloss. Den Fahrens Leuten gefiel es bei Luisa und Theo so gut, dass sie fortan ihr Zirkuszelt im Schlosshof aufstellten.

Der Feuerschlucker Peter nahm Luisa später zur Frau und Theo verliebte sich in die Akrobatin Dina. Viele Kinder wurden geboren, die schnell die Kunststücke und Zaubereien des bunten und lustigen Zirkus lernten.

Die Fee verwandelte die Eltern der beiden Geschwister in Schwalben.

3 Jahre sollten sie lernen, was Glück bedeutet.

Von der Prinzessin, die sich nicht waschen wollte!

Es waren einmal ein König und eine Königin. Sie hatten eine Tochter, die sie Undine nannten.

Oft sah das kleine Mädchen, wie sich ihre Mutter, die schöne Königin, das lange blonde Haar kämmte und bürstete, bis es seidig glänzte. Undine bewunderte auch ihre Kleider.

Das Königspaar regierte milde und gerecht über das Volk. Eines Tages hörte Undine, wie die Mutter und Königin sagte: „Mein lieber Mann, ich möchte neue Stoffe und Tücher im benachbarten Königreich kaufen!"

Auf halbem Wege ließ sie den Kutscher die Pferde antreiben, weil sie noch vor Einbruch der Dunkelheit den weit über alle Grenzen bekannten Handelsplatz erreichen wollte. Das Grollen eines aufziehenden Gewitters war schon zu hören. Donner krachten über der Kutsche, Sturm ließ Regen gegen die Fensterscheiben des Wagens knallen. Die Pferde wollten nicht mehr weiterlaufen. Sie wieherten und schlugen die Hufe nach oben. Eine Achse brach, die großen Räder der Kutsche gerieten aus den Fugen, und der Wagen stürzte einen Hang hinunter. Der kleine Bach unten im Wald war im tosenden Gewitter stark angeschwollen und die schöne Königin ertrank.

Ein Bote überbrachte dem König die traurige Nachricht. Die Prinzessin, die tief erschüttert neben ihrem Vater, dem König saß, verstand nicht, warum der Leibarzt der so geliebten Mutter und Königin nicht mehr helfen konnte. Sie benahm sich seltsam und wunderlich.

Die Prinzessin stieg nicht mehr in das Badewasser, das die Amme bereitet hatte und weigerte sich, wenn sie ihr das Haar bürsten wollte. Der König war darüber sehr traurig und dachte: *„Mit welchem Prinzen soll ich sie nur vermählen?"* Als Undine ihren Vater so sah, wie er durch den wunderschönen

Schlossgarten lief, rief sie schnippisch: „Warum soll ich mich waschen? Ich trage doch eine kleine goldene Krone und wenn die schmutzig ist und nicht mehr in der Sonne glänzt, kommen Schmetterlinge und putzen sie mit ihren Flügeln. Die Bienen benetzen sie mit etwas Morgentau. Das ist für mich als Prinzessin genug und mehr brauche ich nicht, um eine zu sein!" Der König sagte gar nichts und ging ins Schloss. Er blickte sich noch einmal nach ihr um und sah, dass die Schlossratten pfeifend hinter der Prinzessin herliefen. Er rief den Leibarzt ins Schloss und sprach: „Ich gebe dir alle meine Schätze, wenn du die Prinzessin bewegen kannst, sich gründlich zu waschen und das Haar zu flechten!"

Ein Bote brachte nun aus einem arabischen Königreich verführerisch duftende Tinkturen, die der Leibarzt in das Badewasser geben sollte. Mit Rosenblättern und 2 Krügen aus einer Quelle wirkte das Wasser wunderbar weich. Als die Amme der Prinzessin das sah, fand sie es so verlockend, dass sie selbst gern darin gebadet hätte. Der Leibarzt und auch die Kammerdienerin der Königin baten die Prinzessin: „Steig doch in das Bad hinein, dein Vater wird dich sonst aus dem Schloss jagen! Ein letzter Prinz wird noch erwartet, der hoch zu Ross durch viele Länder mit den unterschiedlichsten Naturgewalten geritten kommt, um dich zu sehen. Der König will dich mit dem Prinzen „Agan" aus diesem reichen Königreich vermählen. Sein größter Wunsch ist, dass du mit ihm glücklich wirst, um das Königreich immer weise und gerecht zu regieren!"

Undine sagte nur: „Rosenblätter schwimmen im Badewasser! Heute Morgen habe ich mich an ihren Dornen gestochen, als ich mir eine pflücken wollte! Ich steige nicht in den Waschzuber!" So geschah es, dass die Prinzessin schmutzig blieb.

Der Prinz, der erschöpft und vollkommen durchnässt im Schlosshof ankam, hielt sich nur die Nase zu, als er die Prinzessin sah. „Agan" ließ sein Pferd Kehrtwenden und ritt davon. Die Hufe seines Rosses wirbelten feinen Goldstaub auf.

Da sprach der König: „Undine, ich kann dich weder sehen noch riechen, verlass mein Schloss und mein Königreich". Im

Schlossgarten säuselten die Schmetterlinge und die Bienen summten leise: „Undine, sei nicht so dumm, höre auf deinen Vater!" Eigensinnig nahm die Prinzessin ihr Krönchen und lief immer schneller tiefer in den Wald hinein. An einer Lichtung setzte sich Undine auf einen großen Stein und merkte, dass sie Hunger und Durst verspürte. Aber auch die Amme war ihr nicht wie sonst gefolgt, um Undine Wasser und Kuchen zu reichen. Sie weinte bitterlich.

So saß sie nun schon den halben Tag lang, und die Tränen rannen ihr wie kleine Bäche die Wangen hinunter. Plötzlich bemerkte sie unter sich ein Spiegelbild. Sie sah das Gesicht eines hübschen Mädchens. Bald erkannte sie, dass es ihr eigenes Gesicht war.

Der Strom ihrer Tränen hatte den Schmutz weggewaschen. So sah sie ihr Ebenbild das erste Mal so reingewaschen und verstand den Zorn ihres Vaters.

Der König hatte der Dienerschaft seines Schlosses befohlen, alle Spiegel in den Gemächern der Prinzessin mit schwarzen Leinentüchern zu verhüllen!

Auf einmal rief jemand: „Guten Tag Undine, warum bist du so traurig?"

Es war ein Frosch, dem sie ihre Geschichte erzählte. Er sagte: „Schön, dass durch deine Traurigkeit der „See der Tränen" entstanden ist. Hier werde ich meine Eier zum Laichen ablegen. Viele Jahre musste ich einen Teich mit einer Storchenfamilie teilen. Meist kamen fast alle meine Kinder ums Leben, denn die jungen Störche haben so großen Appetit!". Der Frosch merkte, dass die Prinzessin nicht mehr weiterwusste. Er sprach: „Hinter der Hasenheide, am großem Waldameisenhaufen vorbei, findest du das Haus einer guten Fee". Undine dankte dem Frosch und genoss auf dem Weg dorthin die wärmenden Strahlen der Sonne. Bald fand sie das Haus der Fee. Sie bewunderte das Baumhaus, an dessen Eingang Klangschalen hingen. Durch den lauen Sommerwind bewegt, begrüßten sie das Mädchen mit wundersamen leisen Tönen. Behutsam schlug Undine die Klangschalen gegeneinander.

Eine alte Frau schaute zu ihr hinunter. Ihr Gesichtsausdruck wirkte gütig, sie trug einen Hut und Bastschuhe. Sie sprach: „Ich heiße Augustine und des Nachts verwandle ich mich in eine Wildkatze. Ich kenne deine Geschichte. Meine Bienen sammeln oft Blütenstaub im Schlossgarten des Königs."

Sie summten und brummelten heute Morgen: Ein Mädchen, ist auf dem Weg zu dir, Augustine."

Undine lachte plötzlich und sagte zu der alten Frau: „Augustine, schaust du niemals in den Spiegel? Unter deinem Hut sehe ich Vogelfedern und aus dem rechten Mundwinkel guckt noch ein Mäuseschwänzchen". Die Fee aber sprach: „Ich habe es wohl versäumt, in den Spiegel zu schauen, denn ein Prinz stand ganz früh am Morgen vor meinem Haus. Er hielt sein Pferd am Halfter und der Klang der Schalen weckte mich. Ich war gerade fest eingeschlafen, die Jagd der letzten Nacht war anstrengend. Mutlos und verzweifelt stand der junge Mann vor meiner Tür. Er erzählte mir, dass er schon durch viele Länder geritten sei, um in einem der Königshäuser eine besonders schöne Prinzessin zu finden. Keine der Mädchen wollte ihm so recht gefallen. Mal war ihr Mund zu schmal, die Nase zu lang, die Hüften zu breit, oder das Haar zu kurz."

Da sprach sein Vater, der König: „Agan", ein letztes Mal wirst du nun losreiten, um in jenem weit entfernten Königreich eine Prinzessin zu sehen. Wage es nicht, ohne dieses Mädchen zurückzukommen. Egal wie sie aussieht, ob hässlich, dick, klug, es wäre zu deinem Schaden, wieder so wählerisch zu sein." Gute Fee sprach der Prinz weiter, was soll ich nur tun, die Prinzessin Undine war doch so schmutzig!

Die Fee sprach: „Verzweifle nicht! Ich kenne einen Ort, an dem dich dein Vater nicht finden kann. Schau, da oben im Himmel zwischen den Wolken schwebt ein Schloss. Das kann nicht jeder sehen! Nur wer meinen Zauber bekommt, der wird es dort finden. In der nächsten Nacht bei Vollmond werde ich deinem Pferd große, kräftige Flügel wachsen lassen, und es bringt dich zum Luftschloss. Mach dir keine Sorgen, die Prinzessin, wird dir bald folgen!"

Gespannt lauschte Undine der Erzählung der Fee, und sagte: „Ganz egal ist mir der Prinz nicht mehr. Obwohl ich ihn nur einen Moment sehen konnte, war es um mich geschehen. Die Funken seiner tiefbraunen Augen, haben mich mitten ins Herz getroffen."

Augustine sagte: „Undine, schau in den Himmel, siehst du das Luftschloss mit den goldenen Türmchen auf den Federwolken? Die Strahlen der Sonne brechen sich in ihnen. Schäfchenwolken tanzen voller Freude um sein Pferd. Als er in der Nacht im Luftschloss angekommen war, sandte er mir zwei Sternschnuppen. Du kannst gewiss sein, dass er auf dich wartet. Viel Zeit blieb mir in der Nacht nicht, mich als Wildkatze zu verwandeln und auf die Jagd zu gehen."

Die Prinzessin fragte: „Augustine, kann ich bei dir baden, die Haare zum Glänzen bringen, und die alten schmutzigen Kleider waschen und trocknen?" Die Fee schmunzelte und sagte: „Die Vögel des Waldes warten schon darauf, deine Kleider in die Schnäbel zu nehmen und so lange damit durch den Sommerwind zu fliegen, bis sie trocken sind. Hinter meinem Haus steht ein Holzzuber. Schöpfe aus dem Brunnen so viele Eimer Wasser, bis er gut gefüllt ist. Wir stellen den Zuber in die Sonne, denn du willst doch nicht im eiskalten Brunnenwasser baden? Notfalls helfe ich mit meinem Zauberstab etwas nach!

Sammle, Blüten von Jasmin und Oleander, damit dass Brunnenwasser duftet. Aus Holunderbeeren zaubere ich dir eine Seife, mit der du auch deine Kleider waschen kannst."

Undine staunte: „Du hast einen Zauberstab, Augustine?" Die Fee sagte: „Ich zaubere nur mit nützlichen Kräften der „Weißen Magie", denn ich bin eine „Gute Fee! „Mein Zauberstab steckt voller Energie und leuchtet sogar des Nachts! Siehst du auf seiner Spitze den Stein? „Das ist ein magischer Kristall, den ich hinter „den drei Hügeln der Seidenspinnerraupen" fand. Ich habe herausgefunden, dass die Erde dort viele Schätze verbirgt, (Eisen, Kupfer, Silber, und Gold). Kristalle leuchten an diesem Ort in den unterschiedlichsten Farben. Die Seidenspinnerraupen können dadurch auch so manche Wunder vollbringen!"

Als Undine sich gewaschen hatte und die Vögel die getrockneten Kleider auf die Wiese legten, wurden daraus Kleider aus Seide, die in zarten Farben schillerten.

Zwei weiße Täubchen trugen wunderschöne Schuhchen in den Schnäbeln. Eine Blaumeise brachte ihr eine mit Perlen verzierte Haarspange.

Augustine lachte, als Undine ganz, ganz vorsichtig die neuen Kleider berührte.

Sie sagte: „Nun zieh sie schon an, du willst doch heute noch zu deinem Prinzen!"

Als sich die Prinzessin angekleidet und das Haar mit der schönen Haarspange umflochten hatte, gab die Fee dem Mädchen einen Spiegel. Undine konnte sich an ihrem Spiegelbild nicht satt sehen, denn aus ihr war eine junge Frau geworden. Sie ähnelte der schönen Königin so sehr, dass auch die Fee für einen Moment glaubte, sie stünde vor ihr.

Augustine merkte bald, dass Undine sehr traurig wurde. Sie sagte: „Mädchen, nimm meine Hand, ich führe dich zu dem Ort, an dem du zu deinem Prinzen gelangen wirst!"

Als sie einige Stunden durch den Wald gelaufen waren, standen sie vor zwei Baumriesen.

Die Fee klopfte mit dem Zauberstab 3x auf den Waldboden und rief: „ U S U R I " ! Nichts geschah!

Sie rief wieder „ U S U R I " ! Endlich, nach erneutem Rufen kam eine etwas aus der Art geratene Schnecke angelaufen. Sie war 3x so groß wie ihre Artgenossen, trug ein ungeheuer schweres Haus auf dem Rücken und unter dem länglichen Körper bewegten sich 6 Beine mit kleinen Füßen. An den Ohren saßen zwei lange Fühler, die aussahen wie Trichter. Die Beine bewegten sich äußerst flink, als sie über ein Moos Bett liefen. Die Schnecke rief: „Guten Morgen, Augustine!"

Die Fee sagte: „ U S U R I , du lebst wohl hinter dem Mond, der Tag geht bald seinem Ende entgegen, und das Mädchen will doch heute noch zum Prinzen! Die Waldpolizei hat wohl auch den Tag verschlafen?" Die Schnecke holte so tief Luft, dass Quietschtöne, wie von einer Hupe aus den Trichtern zu hören waren. Undine hielt sich die Ohren zu. „Der Siebenschläfer hat die Nachricht erst im Wald verkündet, jedoch den Tag lang in Obstbäumen und von Vogelbeeren genascht und dann verschlafen. „Beim Mittagsschläfchen habe ich alles um mich herum vergessen und auch verschlafen, sagte U S U R I und hupte 4x!

Die Fee aber sprach: „Wir trommeln demnächst den Rat der Waldameisen zusammen"!

Sie ließ den Zauberstab leuchten und rief: „Mogelei, Mogelei, ihr Spinnen herbei, webt das Seil!"

So gleich hörte man ein Geräusch, das wie eine ratternde Nähmaschine klang. Die Spinnen hatten mit der Arbeit begonnen. Kräftig knirschten sie mit ihren zwei Kiefern, um oben zwischen den Wipfeln der Bäume ein Röhrennetz herzustellen.

Undine, die hoch in die Krone der Baumriesen sah, sagte: „Augustine wie soll mich „ U S U R I " bloß dort hinaufbringen, und wie gelange ich zu meinem Prinzen?"

Die Fee aber sprach: „Mädchen, mach dir keine Sorgen. Ich zaubere dich so klein, dass du inUSURIs Schneckenhaus Platz haben wirst. Angekommen im Röhrennetz der Spinnen federst du 3x mit deinen Füßen, um auf die „Himmelsleiter" zu springen. An einer Federwolke findet sie Halt und sie wird, damit du auf ihr landen kannst, von einem Kranichpärchen gehalten. Das Luftschloss schwebt direkt über „der Himmelsleiter! Keine Angst, die Vögel halten die Leiter und fliegen erst weiter, wenn du vor deinem Prinzen stehst. Dann wirst du wieder die Gestalt des Mädchens annehmen, dass du jetzt bist. Vieleicht kannst du nach den Kranichen schauen, wenn diese Vögel in den Süden ziehen. Nun aber an die Arbeit". Die Fee nahm den Zauberstab, klopfte damit 3x auf den Boden und rief:

„Mogelei, Mogelei, Undine werde klein, im Luftschloss soll es werden fein, da sei Undine nicht mehr klein!" Die Prinzessin, die jetzt die Größe eines Zwerges hatte, öffnete die Tür vom Haus der Schnecke.

Sie setzte sich auf den Boden und „ U S U R I " begann, im gemütlichen Tempo den Baum hinaufzulaufen. War ihm ein Ast im Wege, zog er die Beine an und bewegte sich kriechend ganz nach Schneckenart weiter.

Als Undine aus dem Schneckenhaus kletterte, hörte sie ein Murmeln: „Die Prinzessin kommt!"

Eine Gänsehaut lief ihr den Rücken hinunter, als sie die Spinnen mit den sechs behaarten Beinen sah. Ehrfurchtsvoll verneigten sich die Tiere vor ihr. Sie hatten „einen roten Faden" ins Netz verwebt, sodass es Undine erschien, sie liefe über „einen roten Teppich!"

„ U S U R I " hupte ein letztes Mal aus seinen Trichterfühlern, und verschwand ängstlich quietschend hinter den mächtigen Ästen des Baumriesen.

Mit nur 2 Schritten gelangte Undine auf die Mitte des Netzes. Damit sie nicht hinunterfallen konnte, standen die Spinnen gut verteilt am Rand des Netzes. Einer Spinne gefiel das gar nicht, denn sie sagte: „Wenn das Mädchen noch länger zögert, webe ich sie ein, mir läuft schon das Wasser im Mund zusammen. Das wäre doch eine ungewöhnliche, aber sehr schmackhafte Zwischenmahlzeit!"

Undine aber hörte den Ruf der Kraniche, nahm auf dem Netz Schwung, um gut gelandet die 20 Stufen der „Himmelsleiter" emporzuklettern. Sie sah das Luftschloss in greifbarer Nähe, der Prinz stand an der geöffneten Tür und streckte ihr seine Hand entgegen. Als sie vor ihm stand, erfüllte sich der Zauber der Fee und Undine nahm ihre wahre Gestalt wieder an.

In dieser Nacht war am Himmel ein großes Wetterleuchten zu sehen. Die Fee Augustine, die noch als Wildkatze verwandelt durch den Wald streifte, schnurrte vor Freude, als sie sah, wie der Prinz, die Prinzessin in seine Arme nahm.

Manchmal jedoch erblickte Undine von oben ihren Vater, wie er traurig, durch den Schlossgarten lief.

Sie fragte die Zugvögel, die sich langsam auf den Weg in den Süden machten, um Rat.

In Kürze schickten sie ihr eine weiße Brieftaube, die in ihrem Schnabel erst dem König, dem Vater der Prinzessin Undine, und auch dem König, dem Vater des Prinzen, die gute Nachricht überbringen sollte.

Und noch heute geschieht es, wenn die Fee Augustine über dem Schlossgarten schwebt, und den Kristall ihres Zauberstabes zum Leuchten bringt, dass die Regentropfen nach einem Gewitter glitzern wie Kristalle.

Die Eisprinzessin

Im tief verschneiten Haus in „Turku" in Finnland schlief einst in seinem Bettchen ein kleines Mädchen. Die Eltern gaben ihm den Namen „Anni". Sie liebten es sehr, denn es war nicht nur hübsch und niedlich anzusehen, sondern es hatte eine besondere Gabe. Schon als sich Anni das erste Mal im Bettchen nach oben zog, stellte sie sich auf die Zehenspitzen und tänzelte wie eine Ballerina. Die Eltern fanden das entzückend. Bald lernte sie die ersten Schritte. Als die Mutter die Kleine an der Hand führte, drehte sie sich auf den Fußspitzen. Sie waren glücklich und wünschten sich sehnlich, „Anni" möge später eine Primaballerina werden.

Die Ahnen der Familie jedoch hatten eine Prophezeiung ausgesprochen. In 100 Jahren werden Elfen noch ein einziges Mal über den Dächern der Häuser fliegen, um ein besonderes Kind zu stehlen. Um es mit dem eigenen schwächeren Kind auszutauschen. Die alten Sagen aus dieser Gegend erzählten sich die Familien abends am knisternden Feuer im Kamin.

An einem kalten Wintertag, alle schliefen im Haus friedlich, flogen die Elfen in Turku durch die Lüfte. „Alrun", die um das Geheimnis der Elfen wissende und „Elvina", die Freundin der Elfe, hatten schon länger die kleine „Anni" erspürt. Alruns Baby sah der kleinen Anni verblüffend ähnlich. Es besaß aber nicht ihre besonderen Fähigkeiten. Sie huschten unbemerkt durch den Schornstein ins Haus. Die Elfe nahm das schlafende Kind vorsichtig aus dem Bettchen, und Elvina legte stattdessen das Kind der Freundin, das sie „Uhguh" nannten, hinein. Dann flogen sie in den Wald zurück. Die kleine Anni erschrak erst, als sie die Elfe sah. Doch schnell schlief sie wieder ein, als sie das liebliche Antlitz der Elfe erblickte.

Als die Mutter am Morgen das Mädchen aus dem Bett nahm, merkte sie erst nichts. Die Eltern wunderten sich, weil es keinen Spitzentanz mehr vollführte.

Und als es nach 3 Wochen nur noch weinte und schrie, merkten sie den Betrug. Sie wussten, dass diesmal die Elfen ihr kleines Mädchen gestohlen und ihr Kind, das noch bösartig wurde, heimlich und unsichtbar des Nachts ins Bett gelegt hatten. Der Mythos war nochmals zum Ausbruch gekommen. Umso schlimmer wurde es, als das Mädchen kleinwüchsig blieb, und eigentlich mehr einem Troll ähnelte.

Sie trauerten sehr. Und wollten ihr Kind, die kleine Anni zurückhaben.

Anni wuchs inzwischen bei den Elfen auf. Bald merkte sie, dass sich hinter dem lieblichen Gesicht der Elfe Alrun, eine böse Stiefmutter versteckte.

Am Polarkreis zur Sommersonnenwende lebte sie im Felsen mit der Elfenfamilie. Den ganzen Tag musste sie für die Elfen tanzen. Und wenn abends die Zwerge und Trolle zusahen, wollte sie nur noch weglaufen. Die Elfenmutter Alrun hatte sie dem Troll „Zando'zan" versprochen. Und mit 14 Jahren sollte sie mit ihm vermählt werden.

Ihr gruselt dermaßen davor, dass sie sich einen Plan ausdachte. Lange Zeit ließ sie sich nicht das Geringste anmerken und tanzte jeden Abend am Feuer. Sie wusste, dass in der Gegend eine Pflanze wuchs, das Leimkraut. In den alten Geschichten, die ihr die Eltern erzählten, sollen Menschkinder, damit berührt, unsichtbar werden. Elfen, Zwerge und Trolle versetzt es in Wärme in tiefen Schlaf. Am 21. Juni, zur Sommersonnenwende, hält der Dauer Tag bis zu mehreren Monaten an. Dann können die lichtempfindlichen Trolle, Zwerge und Elfen nicht aus dem Felsen raus. Sie werden dann noch kleiner. Und die Elfen erblinden durch das ungewöhnlich lange Sonnenlicht. *„In 2 Tagen ist es endlich so weit"*, dachte Anni sehnsüchtig. Bis dahin musste sie das Kraut in den Felsen zum Feuer bringen. Recht freundlich und charmant umgarnte und tanzte sie um Zandozan! Und log ihm vor, wie sehr sie sich auf die Hochzeit mit ihm freute. Der Troll glaubte sie überglücklich. Tanzend fasste sie nach den wuchtigen Händen und führte ihn spielerisch aus dem Felsen. Die Sonne ließ sich schon schwach am Horizont erblicken. Angstvoll hielt sich der Troll für einen Moment die Augen zu. Er hatte im Liebesrausch alles um sich herum vergessen. Blitzschnell bückte sich Anni nach dem Leimkraut und verbarg es zwischen den Spitzen ihres Kleides. Dann führte sie ihn wieder in den Felsen und tanzte am Feuer weiter. Noch einen Tag musste sie aushalten. Endlich konnte sie kleine Lichter der aufsteigenden Sonne durch winzige Risse am Felsen erkennen. Sie tanzte so wundervoll wie noch nie. Vorsichtig berührte sie das Kraut mit den Händen und warf es bei einer Drehung im Tanz ins Feuer. Sogleich schliefen die Trolle, Zwerge und Elfen fest. Sie konnte unsichtbar aus dem Felsen verschwinden. Doch wie sollte sie den Weg nach Hause finden? Sie war so klein, gerade mal 4 Jahre, als die Elfe sie stahl.

Nun war sie schon einige Wochen weggelaufen und der Zauber des Krautes ließ nach und sie wurde wieder sichtbar. Immer weiter lief Anni in den mit Eis und Schnee überzogenen Norden. Sie fragte die mit Schnee bedeckten alten Tannen um Rat, ob sie den Heimweg kannten. Sie schüttelten nur weise ihre Häupter. Und etwas Schnee fiel auf Anni. Kalt wurde ihr nicht, obwohl in ihrem Atem Eiskristalle entstanden. Das Leimkraut hatte sie mit einer wärmenden, schützenden Schicht überzogen. Und Hunger und Durst verspürte sie auch nicht. Auf einem Gletscher stand die Eisfee „Nara", die das Mädchen schon lange entdeckt hatte. Ihre Aufgabe besteht darin, die Kinder in „RukaKusan" mit den Nordlichtern, Huskys, und verschneiten Wäldern vor den Elfen zu schützen. Denn manchmal wagen sie sich tief in den kalten Norden. Der Fee, die mit Socken, Schal, warmer Unterwäsche und einer kuschelweichen Felljacke bekleidet war, schlug das Herz bis zum Halse, als sie Anni sah. Sie nahm ihren kleinen Schlitten, und füllte ihn mit Eiszapfen. Dann fuhr sie damit am Gletscher hinab und landete direkt vor der kleinen Anni. Der gefrorene Wasserfall am Berg hatte ihr als Rutsche gedient. Das Mädchen lachte überrascht, weil die Zapfen klirrten und eine lustige Melodie erklang. Nara wollte ihr die warme Felljacke geben, aber sie merkte, dass Anni durch den Schutz des „Leimkrautes" nicht fror.

Die Fee hob den Zauberstab, berührte die Zapfen und sprach: „Seid still, ihr wisst doch, was ich will, zieht an den Mantel aus Vanille, Nuss und Schokolade und etwas Marmelade!" Der Zauberstab wurde zur silbernen Eiskelle und sie gab Anni einen versüßten Zapfen. Es schmeckte himmlisch. Die Eisvögel hatten die Nachricht der leckeren Speise in Windeseile in der Arktis verbreitet. Die neugierigen Pinguine waren wieder pfeilschnell schwimmend und auf dem Bauch rodelnd hier unten am Gletscher gelandet. Und als Nara sich umsah, bemerkte sie eine Schar Pinguine, die unruhig mit den Füßchen trippelten. Und es kaum erwarten konnten, die Speise zu erhalten.

Die Elfen, Trolle und Zwerge jedoch erwachten langsam im Felsen aus dem tiefen Schlaf. Das Feuer war fast erloschen. Voller

Wut merkte die Elfe Alrun, dass ihr Mädchen Anni mit einer List verschwinden konnte. Die Sommersonnenwende ging dem Ende entgegen. Als die beiden Elfen im Zorn losflogen, wurde es dämmrig. Sie konnten nicht mehr erblinden. Im Mythos ihrer Ahnen erzählte man sich, dass es schon mal einem Kind gelungen war, vor den Elfen in den Norden zu fliehen. Sie wissen, wo das Mädchen zu finden ist.

Weil es immer dunkler wird, ist Anni fasziniert von den leuchtenden Polarlichtern. Magisch von ihnen berührt zieht es sie auf die Eisschollen. Spielerisch fängt sie an zu tanzen und will nach den Lichtern greifen. Die Elfen fliegen schnell, kommend Anni immer näher. Die Elfe Alrun sieht sie im weißen Spitzenkleid zwischen den Lichtern auf der Eisscholle tanzen. Sie spricht und haucht zu Anni die kalten Worte: „Tanzen sollst du hier zwischen Eis und Schnee und du gehörst mir!"

Die Fee hatte nicht mit der Schnelligkeit der Elfen gerechnet. Und als der letzte Pinguin sein Eis erhalten hatte, sah sie Anni zwischen den Lichtern tanzen. Sie konnte gerade noch die Elfen erkennen, die sich aus dem Staube machten. Denn die mögen Kälte eigentlich gar nicht. Sehr wütend mussten sie gewesen sein, um sich hierher in den kalten Norden zu wagen.

Aber auch sie kannte noch eine List, Anni von dem Zauber zu befreien und sie zu ihren Eltern zu bringen. In drei Tagen bildet sich 1x im Jahr über dem Eis zwischen den Polarlichtern ein Regenbogen.

Die kleine Anni tanzt allein auf dem Eis. Und die Sterne sahen ihr zu und lächelten, weil es so traumhaft schön aussieht. Die Fee dachte, *„ich muss mit der Arbeit beginnen, um „Bruno", das Rentier, zu erwecken. Der meistens, wenn die Polarlichter leuchten, schläft. Denn nur er hat die Kraft und Fähigkeiten, Anni über den Regenbogen nach Hause nach, „Turku "zu bringen".* 12x muss sie nach Bruno rufen. Ihre Stimme klingt bald wie das Heulen des Polarhundes. Aus einem Iglu schiebt sich ein Geweih und 2 große Augen rollen ihr verschlafen entgegen. „Bruno, endlich hast du mich gehört!", sagt die Fee!" Bruno schiebt seine ganze Rentiergröße aus dem Iglu. Verzückt sagt er: „Wer tanzt denn dort so schön?" Er stellt sich auf seine Hinterläufe und fängt tollpatschig an zu tanzen. Die Fee ermahnt ihn: „Bruno, du sollst nicht tanzen, du sollst das Mädchen retten!" „Ich werde sie über den Regenbogen tragen, Nara, dann bin ich schneller wie der Wind. Sie muss nur endlich mit der Hopserei aufhören! Du kannst doch zaubern Nara! Und wann bekomme ich mein Eis?" Die Fee spricht: Anni steh still, weil Bruno dich tragen will. Polarlichter wie Treppen entsteh. Und ihr Lieben übern Regenbogen fliegen, bleibt nicht stehn!" Und fünf, sechs, sieben, das falsche Kind ins Elfenreich kehrt zurück, es findet dort sein Glück!"

Wie im Traum beendet Anni den Tanz. „Gestatten, Bruno, sagt das Rentier": und streckt Anni zur Begrüßung das Geweih entgegen. Die Fee sagt: „Bruno, zum Scherzen ist jetzt keine Zeit. Schau die Polarlichter!" Und tatsächlich fügen die Lichter sich mit bunten Treppenstufen übereinander. Ein zarter Regenbogen entsteht. Anni klettert auf den Rücken von Bruno. „Halt dich gut fest!", ruft die Fee noch. Und im Spaß droht sie Bruno mit dem Zauberstab, was einen Lachanfall bei ihm auslöst.

Die Elfen sind zu der Zeit noch mal in der Gegend unterwegs. Alrun will unbedingt Anni zu sich ins Elfenreich holen.

Etwas ungeschickt klettert Bruno die Treppenstufen hinauf. Anni hält sich tapfer am Geweih fest. In letzter Sekunde sieht Nara die Elfen zum Mädchen schweben. Sie hält den Zauberstab in den Himmel. Im Flug bleiben die Elfen wie erstarrt. Die Fee aber spricht: „Durch Licht und Schatten tragen die Felsenratten die Elfen heim. So soll es sein!"

In dem Moment öffnet sich oben im Felsengletscher eine Tür und ein Geschwader Ratten schießt dort hinaus, die einen großen Schlitten hinter sich herziehen.

Voller Freude pfeifen sie im Chor. Sie können es kaum erwarten, ihre ärgsten Feinde, die Elfen, aus dem Reich des Nordens zu verjagen Und die beiden ins Elfenreich zu bringen. Denn hier haben die eigentlich feinsinnigen Geschöpfe nichts zu suchen.

Bruno ist mit dem vor Angst zitterndem Mädchen auf der letzten Stufe der Polarlichter angekommen. Der Regenbogen sieht aus wie eine stabile Brücke. Fest gespannt ist sie mit bunten Bändern. Als Bruno auf ihr zu tänzeln, anfängt wie ein Artist, glaubt Anni, nun sei alles verloren. Ein Stern zwinkert Anni ermutigend zu. Die Fee hebt den Zauberstab und spricht: „Schneller wie der Wind bringt, Bruno das Kind nach Haus! Aus!" Hundert Schneeflocken wirbeln über dem Zauberstab. Bruno nimmt endlich Anlauf und sein Geweih verwandelt sich in kräftige Flügel. An seinen großen Ohren kann sich Anni gut festhalten. Bruno sagt zu ihr: „Hab keine Angst, für tanzende Mädchen und ein Eis tue ich so gut, wie alles!" Und die beiden sind mit der Geschwindigkeit eines Kometen am Himmel unterwegs.

Die Ratten indes lassen keine Zeit verstreichen und spannen sich gutgeordnet vor ihren Schlitten. Nara lenkt die in der Luft erstarrten Elfen langsam mit dem Zauberstock auf den Schlitten. Und hebt den Stab zum Sternbild Skorpion. Das Sternbild steckt voller Magie. Nun bekamen die beiden Elfen warme Kleidung der Eskimo angezogen. Schön warm eingepackt umhüllte Nara sie noch mit 2 Bärenfellen. Sie hebt den Zauberstab zum Regenbogen. Seine Eiskristalle funkeln grün und rot. Sie bittet ihn: „Regenbogen, 2 deiner Bänder den Elfen schenk. Zum festen Halt am Schlitten sie bind. Dass sie nicht fallen in den Wogen der rasanten Fahrt. Damit sie loben und nicht toben!" Sanft legt sich ein rotes Band im Zeichen der Liebe um die Elfe Alrun. Und 1 grünes Band im Zeichen der Hoffnung um die Freundin der Elfe Elvina.

Die Fee Nara wusste längst, dass auf die beiden Räuberinnen sehnsüchtig jemand wartet. Mit reinem Herzen und gutem Gefühl schickte sie die Ratten mit dem Elfenschlittengespann auf die Reise ins Elfenreich. Die Ratte „Dovagon", die mit den Kräften eines Drachens, stellte sich hinten auf den Schlitten, um das Kommando zur Abfahrt zu geben. Die Fee hob hier im Land der untergehenden Sonne den Zauberstab bis zum chinesischen Sternbild der Ratte. Denn Ratten lieben das Leben und noch mehr lieben sie den Moment. Sie wissen immer das Beste aus jeder Situation zu machen. Sie sind äußerst abenteuerlustig. Sie konnten es kaum erwarten, dass Dovagon das Kommando zur Abfahrt erteilte. Sie knirschten ungeduldig mit den Zähnen. Es ertönte ein schriller Pfeifton und ein Feuerstoß verglühte langsam in der kalten Winterluft. Die rasante Fahrt der Ratten mit dem gut geschützten Elfenschlitten führte über Berge, zugefrorene Seen und verschneite Täler. Die Fee hatte die Elfen für kurze Zeit in eine Art Winterschlaf versetzt.

Nach drei Tagen kam das Rattengespann im Elfenreich an. Hier hatte der Frühling begonnen. Um die Felsen hatte sich ein Blütenmeer gebildet. Mit einem lauten „Hatschi" erwachten die beiden Elfen aus dem Winterschlaf. Das Troll Mädchen Uhguh hatte ihnen eine rot blühende „Anemone" unter die Nase gehalten. Es lachte, als die Elfen das Bärenfell abstreiften. Und in der warmen Eskimokleidung vor ihr standen. Uhguh umarmte seine Mutter, die Elfe Alrun! Und als es sich wenige Tage später in den Troll Zando'zan verliebte, war Alrun überglücklich. Plötzlich schauen die Spitzen eines Geweihs hinter dem Felsen hervor, ein heiseres Rufen ertönt: „Hallo, habt ihr mich ganz vergessen?" Bruno hatte Anni wohl behalten zu den Eltern nach Turku gebracht. Als Anni von Brunos Rücken kletterte, bekam sie von Zauberhand Kleidung angezogen. Das hatte Nara sich noch ausgedacht, um die Eltern nicht zu erschrecken, wenn sie nur im Spitzenkleid bekleidet vor ihnen steht. Sie wussten vor Freude gar nicht, was sie sagen sollten, als Anni die Tür des Hauses öffnet und vor ihnen steht.

Uhguh war gleich auf Brunos Rücken geklettert, und ließ sich ins Elfenreich bringen. Sehnsüchtig hatte sie schon lange auf die Mutter Alrun gewartet, denn sie war ein wildes kleines Trollmädchen. Und passte nicht in das stilvolle Haus der Ersatzeltern. Im Garten der Familie kletterte sie auf Bäume, im Haus oft auf Schränke und Regale. Meist schlief sie bei den Huskys in der Hundehütte.

Allerdings musste Bruno mit Ughu auf dem Rücken auch ein Stück fliegen.

Die Rattenbande bekam einen köstlichen Schmaus. Als Zando'zan und Ughu Hochzeit hielten, wurde Bruno mit köstlichen Eisbomben verwöhnt.

Anni lebte glücklich bei ihren Eltern in Turku. Sie wurde eine berühmte Ballerina. Ausverkauft waren ihre Auftritte, wenn sie als Eisprinzessin in der finnischen Nationaloper in Helsinki tanzte.

Ughu und die Elfen schweben besonders in den weißen Nächten, verträumt über den Häusern der Stadt. Die Fee Nara und das Rentier Bruno konnten am Polarkreis mit Hilfe des Zauberstabs Annis Auftritte verfolgen. Wenn das grünliche Licht wie ein Vorhang zur Seite fällt, wird Annis Auftritt im Opernhaus am sternenklaren Nachthimmel wie im Kino übertragen.

Nara, die dann meist auf Brunos Rücken sitzt, klopft das Herz wieder bis zum Halse. Und Bruno rollt dann ganz verzückt mit den Augen.

Gedichte und Reime

April

Am Kirschbaum vor dem Gartenzaun
schweben federleicht, wolkengleich.
Weiße Blüten mit Tupfen rosa zart.
Im sanften Rauschen jenes Meeres,
brummen Hummeln fleißig.
Bienen summen friedlich.
Der Star ans Fenster klopft.
Verliebte unterm Regenbogen.
Atmen Licht und Duft
der strahlend' Anemone.
Vom Ostermond das Kleid.
Die luftig warme
wandelbare schöne Zeit.

Ohne Namen

Auf einer Bank in Grünau
Sitzen drei alte Weiber, faltig gar.
Nebenan ein Baby schläft,
im Träumen ach so süß.
Die kleine Schnute lacht,
als wäre es erwacht.
Der Weiber Geschichte lebendig laut,
wird den Passanten anvertraut.
Die bleiche Haut schon früher so,
wenn man zum Rübenhacken zog.
Wenn's Kindlein schwach,
ans Licht der Sonne wollt.
Gab's kein Weh und Ach, wenn die Geburt
in der Ackerfurche ward vollbracht.
Des Babys Schrei, keiner, der fragte, wohin.
Schimpfend der heutigen Zeit,
gehen die Rücken krumm.
Als schlüge man sie. Drum.
Der Alten knöchern Finger droht,
weil der Papa sein Baby
zu der Tagesmutter schob.

Balkonloge

Der Clown schon an der Kurbel dreht.
Ein Ton erklingt wie Sonnenlicht.
Das Schauspiel nun die Wirklichkeit durchbricht.
Die Trude es kaum erwarten kann,
seitdem sie lebt ohne Mann.
Als Pappeln sich verneigen im Kleid wie silbrig Nebel.
Zittern kalt, im Lampenfieber halt.
Sollen spielen vor den vollbesetzten Häusern.
Vom Sturm im Ostwind, als sie sich neigten.
Und als der Blütensaum im Sommerwind,
wie Flocken fiel geschwind.
Der Wind im böigen Zeichen,
braust nur die Wipfel sanft zu neigen.
Beugen strecken finden aneinander bittersüß
die fasrig Lippen.
Der Wind lässt sie im schweren Atem
ein letztes Mal verbeugen.
Der Beifall tobt. Die Krähen klatschen.
Tuscheln vom Saatkornreigen übern Morgentau.
Die Täubchen rucken im weißen Gefieder
der Nachtigall entgegen.
Die singen soll das 44 Strophenlied.
Bevor die Eulen eindrucksvoll davonnen rauschen.
Manch Menschlein sich erschrak,
sucht Schutz nun im tiefen Schlaf.
Das Trudchen brav zu Bette geht.
Schlummert tief im daunenweichen
luftdurchtränkten Flaum

Tannenstreichgedicht

(abgewandelte Form vom Lied:
„Oh Tannenbaum" ...!)

Oh Tannenbaum, oh Tannenbaum,
wie grün sind deine Nadeln.
Du trägst sie treu zu jeder Zeit
und wenn's noch schneit zur Weihnachtszeit.
Oh, Tannenbaum oh Tannenbaum,
wie schön wir dich nun schmückten.
Überall im Erdenreich sieht man
dein Leuchten, weit und breit.
Oh Tannenbaum, oh Tannenbaum,
wir fanden dich entzückend.
Und nächstes Jahr im Dezemberwald
wird man dich suchen hektarbreit.
Nicht mal dein treuer Zapfenstreich
beweist uns die Beschaffenheit.
Oh Tannenbaum, oh Tannenbaum,
dein Kleid sollt mich was lehren.
Oh Tannenbaum,
wie treu sind deine Blätter!

Silberpappel

Vom Balkon des Hauses sah ich wie im Traum,
Blätter glänzend, grün und braun.
Des Laubes Melodien leis und sanft
führen mich zum Tanz,
zu erlauschen, ganz gewandt
das Wechselspiel der launischen Natur
mit silbern schimmernder Hand.

Blaulicht

Am Feldes Rain die Kornblumen stehn,
ein Jeder beim Spaziergang kann sie sehn.
Im Licht der Abendsonne als Erinnerung gepflückt,
der Katze Pfote sehr geschickt, das Kind im Spiel,
die zarte Blüte knickt.
Im bläulich Schimmer die Biene keinen Nektar fand,
entfloh nur knapp der Mutter schlagend Hand.
Ein klagend Lied, dass sie dem Abend sang.
Das Kind den Krug mit Wasser füllt,
die Blüte sanft darinnen schwebt.
Eh es sich versah, die Köchin stahls als Abendmahl.
Zerbrochen auch der Krug …!
Draußen schallt der Mutter Fluch.
Was bleibt sind Scherben zum Glück.

See

Beim lieben Onkel Augustin
entstand im Bauch ein Ungetüm
in Wien als Seifenblase bald zu sehn.
Ein Kind aus Sachsen fand das toll,
sah nicht die Gefahr in ihr so voll,
warf sie hin und her,
tröpfelte indes schon sehr.
Der Inhalt wardt ihr bald zu schwer.
Wollte sie noch hoch hinauf,
nur bis Grünau, gelangt Blase.
Als sie zerplatzte, hier genau.
Ein Aquarium daraus entstand,
als Kulkwitzsee ist sie nun Stadt bekannt.

Mittagstisch

Manche Hausfrau die steht
stumm mittags in der Küche
vorm Kochtopf rum.
Sie denkt:
„Ei der Daus, was koch ich nur,
ich arme Maus"!
Ihr Mann vom Sofa knurrt:
„Brings Essen her, sofort!"
Dabei klopft sie im Dreivierteltakt
den leeren Topf entzwei.
Der Mann an ihrem Zopfe zieht
und gleich befiehlt:
„Ruf geschwinde, die Gerlinde,
vom Schönauer Kirchfeste an,
schaff von ihr das Beste ran!"
Sie läuft.
Er sitzt in Weste am Tische dran.
Heiß serviert wirds in der Küche dann.
Und glücklich speisen Frau und Mann.
Guten Appetit!

Irrläufer

Ein Stern am Himmel,
entfloh dem Gewimmel
fand sich unter Menschen nicht zurecht
deren Wünsche oft auch schlecht
Heimlich im Himmel dann zurück
war er als Schnuppe nur zu sehn
Der Schweif verglühte in der Seine.

Gefährliche Fracht!

Eine Osterreimerei
Im Osternest, am Wald, versteckte sich im Ei-Ohwei!
ein Ball, aus Schnee, so kalt.
Das Kind erschrak, das Händchen so zart,
warf ihn über die Felder weit.
Im lauen Fön des Frühlingwindes,
taucht er ins Bächlein sanft.
Um zu funkeln wie Kristall, bis nach Überall.
Herr Meyer am Balkon einst sah,
band seinen Schlips zur Feier,
wars ach wie nah!
Schreibst nach Oberbayern, nebst Australia.

Letzter Aufruf!

Zuspätkommen ist nicht immer leicht.
Alles rennt und eilt,
bis es----reicht!
Tag für Tag sind sie im gleichen Trott.
Um zu verlassen diesen Ort.
Tadelnd auch der Doktor sagt:
„Pünktlichkeit ist eine Zier.
Drum rat ich dir, schau prüfend auf die Uhr.
Sonst ist geschlossen unser Tor"!
Verlegen ich nach draußen geh.
Als sie winkend hinter den Scheiben stehn.

Licht

Bei Licht besehen scheint relevant,
Erinnerung oft verkannt.
Im Heute nicht verbauen
Platz lassen, um zu schauen,
ins nächtliche Grauen.
Dem trüben Sonnenlicht
am Horizont vertrauen.

Bildquellennachweis:
S. 7, 9: © Vater Johannes Burkhardt
S. 19, 22, 24, 32: © Susanne Rosenkranz
S. 47: © Jong Kwan Park (Mit freundlicher Genehmigung der Vereinigung der mund- und fussmalenden Künstler, (VDMFK) in aller Welt – e.V.)

Bewerten Sie dieses Buch auf unserer Homepage!

www.novumverlag.com

Die Autorin

Susanne Rosenkranz wurde 1962 geboren und lebt in Leipzig/Grünau. Nach dem Schulabschluss (10. Klasse der polytechnischen Oberschule) machte sie zuerst einen Facharbeiterabschluss als Schriftsetzerin und danach einen weiteren Facharbeiterabschluss als Bibliotheksassistentin. Ihr schriftstellerischer Werdegang begann mit dem Besuch von Schreibwerkstätten. Seit 2017 hat sie als Autodidaktin die Kunst des Schreibens vertieft. Ihre bisherigen Veröffentlichungen umfassen eigene Märchen und Gedichte. Auch in den Anthologie Buchausgaben „der Bibliothek deutschsprachiger Gedichte" wurde ihre Lyrik veröffentlicht. Im Stadtteilmagazin „GRÜN-AS" beschreibt sie fast vergessene Geheimtipps im Wohngebiet. In Heft 12 der Geschichten aus Grünau blickt die Autorin in die Vergangenheit ihrer Eltern. Sie schreibt Lebensbilder meiner Eltern „Wenn Licht in Farbe tanzt"! Außerdem publizierte sie bereits in den Anthologien „novum #8" und „novum #9".

novum VERLAG FÜR NEUAUTOREN

Der Verlag

„Wer aufhört besser zu werden, hat aufgehört gut zu sein!

Basierend auf diesem Motto ist es dem novum Verlag ein Anliegen neue Manuskripte aufzuspüren, zu veröffentlichen und deren Autoren langfristig zu fördern. Mittlerweile gilt der 1997 gegründete und mehrfach prämierte Verlag als Spezialist für Neuautoren in Deutschland, Österreich und der Schweiz.

Für jedes neue Manuskript wird innerhalb weniger Wochen eine kostenfreie, unverbindliche Lektorats-Prüfung erstellt.

Weitere Informationen zum Verlag und seinen Büchern finden Sie im Internet unter:

w w w . n o v u m v e r l a g . c o m